PLANTES SAUVAGES COMESTIBLES

Isabelle Hunault

Plantes sauvages comestibles

Reconnaître et cuisiner
35 plantes communes

Préface

Ortie, lamier, cirse, origan, plantain, cardamine, lierre terrestre, pissenlit : nous les croisons tous les jours sans y prêter la moindre attention. Elles sont là, tapies dans les interstices du pavé citadin ou croissant avec vigueur dans les campagnes. Au mieux, nous les méprisons du regard, au pire nous les arrachons car nous ne savons qu'en faire.

Même les botanistes les plus aguerris ignorent l'intérêt culinaire des plantes sauvages et banales rencontrées à tout bout de champ. Et pourtant, les jardins, les prés, les lisières forestières, que nous arpentons lors de nos balades, nous cachent un formidable garde-manger. Il est là, sous nos yeux de béotiens, et ne demande qu'à livrer ses secrets.

Par des recettes d'une simplicité déconcertante et aux saveurs aussi inattendues que peu habituelles à nos palais d'hommes modernes, Isabelle Hunault renoue avec la cuisine des herbes sauvages. Elle n'a pas son pareil pour mélanger les arômes, marier les goûts, transcender viandes et fruits de mer avec ces sauvageonnes fraîchement cueillies au jardin, dans le boqueteau d'à côté ou près du ruisseau qui serpente dans la prairie d'en face.

« Éloge de la botanique gastronomique » : tel aurait pu être le titre de cet ouvrage. Celui-ci n'est pas à lire : il est à dévorer ! Surtout ne le consultez pas avant un repas : il rendrait votre cuisine triste et insipide. Regardez-le délicatement comme vous contemplez les fragiles pétales du coquelicot. Plongez-vous dans les fourneaux d'Isabelle. Laissez-vous prendre et surprendre par ces herbes si banales, mais ô combien étonnantes. Testez les recettes qui vous attirent, brodez dessus, donnez-leur votre touche personnelle et, surtout, appréciez-les, en toute simplicité.

Olivier Escuder
Botaniste, chargé d'études au Muséum national d'Histoire naturelle de Paris
et d'enseignements à l'École des Plantes

Introduction

Le lien entre la nourriture et les plantes a toujours été, pour moi, une évidence, comme une conviction intime, quelque peu perdue en cours de route et retrouvée sur les chemins de la vie.
Tout d'abord ce sont les aromatiques qui m'étaient indispensables. Même lorsque je résidais en ville, elles étaient sur le rebord de la fenêtre de la cuisine ; ensuite elles me suivirent dans le jardin tout près de la porte de la cuisine, à portée de main et des casseroles !
Puis, lors de promenades dans les bois, les champs et sur les sentiers environnants, j'ai découvert beaucoup de « mauvaises herbes », dont je me demandais « qui » elles étaient. Progressivement j'ai appris à les reconnaître et à les connaître par leur forme, leur texture, leur odeur. Petit à petit je me suis risquée à en goûter certaines puis d'autres encore, en les cuisinant, d'abord dans des plats très simples puis dans des recettes plus ou moins élaborées, inspirées de recettes de famille ou de recettes plus classiques.
Au fil du temps l'envie m'est venue de partager ces plaisirs, constamment renouvelés ; c'est ainsi que divers stages ont conforté cette idée. Mais plus j'apprenais, plus je voulais savoir et plus je comprenais que mes connaissances étaient infimes. Après avoir suivi une formation approfondie en botanique et plantes médicinales au sein de l'École des Plantes à Paris, j'ai créé l'association « Sauvages & Comestibles »* qui me permet de partager ce que j'ai appris et, aujourd'hui, de vous faire découvrir mes recettes.

* http://ateliers.plantes.free.fr

CE QUE VOUS TROUVEREZ DANS CE LIVRE

Les 35 végétaux présentés dans ce livre sont très communs et faciles à reconnaître. Ils poussent dans tout le nord de l'Europe. Vous les trouverez presque partout en France, même si certains sont absents des côtes maritimes, et plus particulièrement du littoral méditerranéen.

Je vous invite à découvrir 100 recettes, simples et variées, élaborées au fil des cueillettes : leurs mille saveurs, nouvelles à nos palais, vous étonneront.

Vous trouverez page 60 quelques recettes incontournables existant de longue date. Des idées de menus vous sont proposées, mais vous pouvez très bien intégrer seulement un plat ou une entrée à votre menu, c'est une façon de vous familiariser à ces saveurs différentes. Par ailleurs, il arrive que le temps nous manque, c'est pourquoi je vous donne aussi quelques conseils pour conserver le fruit de vos cueillettes.

Vous trouverez également un calendrier indicatif des périodes de cueillette qui pourra varier légèrement d'une région ou d'une année à l'autre.

RECOMMANDATIONS SUR L'IDENTIFICATION

L'identification absolue de la plante que l'on cueille est indispensable. Il faut être certain de ne pas faire de confusion. En effet, certaines plantes sont toxiques, soit dans leur totalité, soit seulement en partie : cela peut être la racine pour certaines, les fleurs, les baies ou les feuilles pour d'autres. Elles peuvent engendrer des troubles plus ou moins graves. Les plantes traitées ici sont très communes et présentent peu de risque de confusion ; toutefois la vigilance est impérative, tout particulièrement avec les plantes de la famille des Ombellifères (ou Apiacées).

Il existe des ouvrages simples et clairs, dédiés à l'identification, n'hésitez pas à vous y référer. Plutôt que de cueillir une plante pour l'identifier, faites des photos, car à votre retour la plante risque d'être ratatinée et méconnaissable. De plus, une photo vous donnera des indications sur son environnement. Il peut aussi s'agir d'une plante rare et protégée, dont la récolte est interdite.

La cueillette est l'un des gestes les plus anciens de l'homme cherchant sa nourriture. En retrouvant ce geste nous apprenons à connaître la nature, que beaucoup d'entre nous ignorent. Nous réapproprier cette connaissance conduit tout naturellement à nous resituer en son sein en tant qu'être vivant. Cela nous amène également à respecter la plante et son environnement. Chaque jour, nous pouvons remercier cette terre, bien vivante elle aussi, qui nous offre, si généreusement, tant de diversité.

SOMMAIRE

5	Préface
6	Introduction
6	Ce que vous trouverez dans ce livre
6	Recommandations sur l'identification
10	Ail des ours
12	Alliaire
14	Angélique des bois et angélique archangélique
18	Armoise
20	Aspérule odorante
22	Bardane
24	Benoîte
26	Berce ou grande berce
30	Les recettes « méli-mélo »
36	Bourrache
38	Bourse à pasteur
40	Cardamine
42	Chénopode blanc
44	Cirse maraîcher
50	Consoude
54	Coquelicot
56	Cymbalaire
58	Houblon
60	Les recettes « classiques »
66	Lamier blanc
68	Lierre terrestre
70	Origan
72	Ortie
78	Oseille des prés
80	Pain de coucou
82	Pâquerette
84	Pissenlit
88	Plantain
90	10 menus à moduler selon votre humeur
92	Prêle
94	Primevère officinale
96	Reine-des-prés
98	Salsifis des prés
100	Stellaire, mouron des oiseaux
102	Sureau noir
104	Trèfle des prés et trèfle rampant
106	Tussilage
108	Violette
110	Préparation et conservation
112	Lexique des termes culinaires
113	Bibliographie
114	Calendrier des périodes de cueillette
116	Index des recettes par catégories de plat
118	Index français des noms de plantes
118	Index latin des noms de plantes

◀ Tapis d'ail des ours en forêt.

Ail des ours

Le printemps arrive, après la saison d'hibernation, les ours font des festins d'ail des ours ! La plante est très dépurative, une bonne façon d'aborder la belle saison ! On le trouve en compagnie des lamiers, de l'aspérule, du lierre terrestre, du pain de coucou.

FAMILLE : Alliacées ou Liliacées
Allium ursinum L.

▶ **Le reconnaître :** Ses larges feuilles lancéolées, vert sombre, poussent par deux. Une ombelle de petites étoiles blanches termine la tige florale dressée. Froissez les feuilles pour découvrir son odeur d'ail.

▶ **Confusions possibles :** Avec le muguet, la scille, le sceau-de-Salomon, lorsqu'ils ne sont pas en fleur. Toutes ces plantes sont toxiques, mais elles n'ont pas l'odeur typique de l'ail.

▶ **Où et quand le trouver ?** En colonies dans les sous-bois humides, à l'ombre des hêtres, d'avril à mai.

▶ **Cueillir :** Les feuilles, avant la floraison.

▶ **Comment l'utiliser :** Frais dans des salades, en canapés, pour parfumer des plats.

▶ **Conservation :** Haché dans de l'huile d'olive.

> **CONSEIL**
> Après avoir cueilli quelques feuilles d'ail des ours, vos doigts seront imprégnés par leur odeur. Vérifiez que chaque plante cueillie est bien celle que vous souhaitez. Soyez très vigilant.

SUSHIS À L'AIL DES OURS

Lavez les feuilles d'ail des ours. Ôtez la peau et le noyau de l'avocat. Épluchez les carottes. Coupez l'avocat et les carottes en lamelles.

LE RIZ

Lavez le riz jusqu'à ce que l'eau soit claire. Mettez-le dans une casserole avec le double de son volume d'eau. Portez à ébullition. Dès que l'eau frémit, diminuez le feu. Laissez cuire à découvert jusqu'à évaporation totale de l'eau. Éteignez le feu, couvrez et laissez reposer 5 min. Chauffez légèrement le vinaigre, versez le sucre et le sel, faites-les fondre, ajoutez le gingembre, remuez. Mettez le riz dans un grand saladier, arrosez avec le vinaigre, mélangez. Laissez refroidir.

LES ROULEAUX

Déposez le film alimentaire sur la natte en bambou. Alignez les feuilles d'ail des ours, elles doivent se chevaucher d'environ un millimètre. Déposez les tranches de saumon dessus. Étalez le riz sur le saumon. Au centre, posez les lamelles de légumes. Roulez les sushis en vous aidant de la natte et du film pour serrer. Coupez le rouleau en tronçons avec un couteau bien affûté (humidifiez la lame avant de couper chaque tronçon). Ôtez le film, disposez sur un plat de service. Mettez au réfrigérateur.

LA SAUCE

Dans un bol, mélangez le nuoc-mâm avec le jus du citron et une cuillerée d'eau, répartissez dans des coupelles individuelles que vous servirez avec les sushis.

12/15 feuilles d'ail des ours
½ avocat
2 carottes
240 g de riz gluant ou de riz rond
3 ou 4 tranches fines de saumon
2 cuillères à soupe de sucre
1 pincée de gingembre en poudre
2 cuillères à soupe de vinaigre de riz
½ citron
1 cuillère à soupe nuoc-mâm
Sel

film alimentaire
1 natte en bambou

> **BON À SAVOIR**
> L'ail des ours est riche en vitamine C, il est tonique.

Alliaire

Très commune sur les bords des chemins ombragés, cette plante aux feuilles arrondies, dont les nervures sont très apparentes, pousse en bouquets serrés. Son arôme, plus léger que celui de l'ail cultivé, relève des plats de façon plus subtile.

FAMILLE : Brassicacées (Crucifères)
Alliaria petiolata **(M. Bieb.) Cavara & Grande**

▶ **La reconnaître :** Elle se dresse, jusqu'à 1 mètre, toute droite sur une tige dont le sommet est terminé par un petit bouquet de très petites fleurs à quatre pétales blancs. Les feuilles ont la forme de cœurs dentelés. Elles sentent l'ail lorsque vous les froissez entre vos doigts. Vous ne pouvez pas vous tromper !

▶ **Confusions possibles :** Aucune durant la floraison. Avant et après, vérifiez l'odeur qui s'en dégage.

▶ **Où et quand la trouver ?** Le long des routes et sentiers, dans les bois et les jardins ombragés, de mars à juin.

▶ **Cueillir :** Les feuilles, les fleurs.

▶ **Comment l'utiliser :** Les feuilles et les fleurs pour parfumer et décorer plats et salades.

▶ **Conservation :** Voir recettes ci-après.

PISTOU D'ALLIAIRE

Lavez soigneusement les feuilles d'alliaire, hachez-les très finement.
Mélangez l'huile d'olive avec le jus de citron.
Mettez une couche de plante dans le fond du bocal, tassez, salez et poivrez. Secouez le mélange huile et citron. Lorsqu'il est en émulsion, versez-en un peu sur les plantes.
Recommencez comme indiqué ci-dessus, avec une autre couche de plante, puis l'huile, et ainsi de suite jusqu'à ce que votre bocal soit plein : l'huile doit recouvrir la plante.
Fermez et conservez dans un endroit sans lumière. Après ouverture, il se conservera au réfrigérateur pendant environ 10 jours.
Vous pourrez utiliser ce pistou sur des pâtes fraîches, en canapés, et autres préparations… laissez parler votre imagination !

Plusieurs petits bocaux
500 g de feuilles d'alliaire
Huile d'olive
Le jus d'½ citron
Sel, poivre

BEURRE D'ALLIAIRE

Si vous utilisez du beurre salé, ne salez pas la préparation.
Faites ramollir le beurre dans un endroit assez chaud. Pendant ce temps, lavez et séchez l'alliaire, ne conservez que les feuilles, que vous hacherez finement. Ajoutez sel et poivre.
Dans un petit saladier, mettez le beurre ramolli, ajoutez l'alliaire et mélangez à la fourchette afin d'obtenir une préparation homogène.
Pour conserver votre beurre, vous pouvez le répartir dans des bacs à glaçons et les congeler. Ainsi, vous ne sortirez que ce dont vous avez besoin pour vos tartines, légumes vapeur, et autres préparations.

Cette préparation peut se faire également avec l'ail des ours, la cardamine, l'estragon, sans oublier le très classique mélange ail cultivé et persil !

2 à 3 poignées d'alliaire
250 g de beurre (salé ou non)
Sel, poivre

> **CONSEIL**
> Pour bénéficier au maximum de ses propriétés, utilisez l'alliaire fraîche.

> **BON À SAVOIR**
> L'alliaire est antiseptique, antiscorbutique et aide à lutter contre la toux.

Angélique des bois
et angélique archangélique

Vous trouverez cette superbe plante aromatique, très décorative, sur des terrains humides. Son arôme et sa saveur sont moins marqués que ceux de sa cousine l'angélique archangélique, cultivée pour ses propriétés médicinales et son arôme, mais aussi pour être transformée en fruits confits. Les tiges ont une saveur amère, voire âcre.

FAMILLE : Apiacées ou Ombellifères
Angelica sylvestris L., *Angelica archangelica* L.

AUTRES NOMS COMMUNS : angélique officinale, archangélique, angélique de Bohême, racine du Saint-Esprit, herbe aux anges.

▶ **La reconnaître :** Elle peut atteindre 1,50 à 2 m, et est totalement glabre (sans poils). Ses tiges sont creuses, striées, rouges à la base et vertes vers le haut. Les fleurs sont groupées en ombelles blanches. Le pétiole (queue de la feuille) a la forme d'une gouttière, il englobe complètement la tige, formant une gaine très ventrue bien spécifique à cette plante. Les fruits (ou semences) de forme ovale sont aplatis et ailés.

▶ **Confusions possibles :** Avec d'autres plantes de la famille des Apiacées, telle que la ciguë vireuse (*Cicuta virosa* L.) ou avec d'autres ciguës, qui sont toutes extrêmement toxiques, voire mortelles : quelques feuilles suffisent pour être gravement intoxiqué. Soyez sûr qu'il s'agit bien de l'angélique avant de la consommer.
D'autres confusions sont possibles avec des plantes comestibles de cette même famille comme la carotte sauvage, la berce, la podagraire.

▶ **Où et quand la trouver ?** L'angélique aime avoir les pieds à proximité de l'eau. On la trouve souvent le long des ruisseaux, des fossés, dans les pâturages ombragés de juin à septembre.

▶ **Cueillir :** Les feuilles et les tiges de juin à juillet, les fruits en septembre.

▶ **Comment l'utiliser :** C'est une plante aromatique dont les tiges confites sont très employées en pâtisserie. Vous trouverez la recette de l'angélique confite à la page 16. Elle parfume également les soupes, salades, salades de fruits, légumes, viandes et poissons. Les graines s'utilisent pour confectionner des liqueurs et des vins.

▶ **Conservation :** Les tiges peuvent être confites. Il est aussi possible de les cuire dans du sucre et de l'eau pour les conserver dans des bocaux, plongées dans leur sirop de cuisson. Ce sirop sucrera et parfumera vos infusions, thés et autres boissons.

> **CONSEIL**
> Les tiges de l'angélique sont creuses. Lors de la cueillette, il faudra penser à les couper au ras du sol ou à prélever seulement les extrémités pour que la pluie n'y pénètre pas : l'eau, en stagnant dans les tiges, fait moisir les racines et tue la plante.

> **BON À SAVOIR**
> L'angélique a, entre autres, des propriétés antiseptiques, apéritives, digestives, toniques.
> Comme beaucoup de plantes de cette famille, elle est photosensibilisante, évitez de la récolter en plein soleil.

50 g de fruits (semences) d'angélique
1 bouteille de bon vin blanc sec
Sucre (facultatif)

🚹🚹🚹🚹🚹🚹
1 bocal d'angélique au sirop
200 g de pâte feuilletée
2 cuillères à soupe de sucre en poudre
1 jaune d'œuf

VIN D'ANGÉLIQUE

Rincez brièvement les semences d'angélique, séchez-les puis incorporez-les dans le vin blanc. Mélangez, bouchez hermétiquement. Laissez macérer 3 jours. Remuez chaque jour.

Après ces 3 jours, filtrez dans un linge fin disposé dans une passoire, exprimez tout le jus. Versez dans des bouteilles ébouillantées au préalable, ajoutez le sucre (selon votre goût), fermez et secouez pour mélanger. Entreposez dans un local frais et sombre. Laissez macérer au moins 2 semaines avant de consommer.

Servez ce vin bien frais en apéritif ou comme digestif après un repas trop copieux.

BOUCHÉES DOUCES À L'ANGÉLIQUE

Étalez la pâte feuilletée sur le plan de travail préalablement fariné. Découpez des carrés d'environ 5 cm. Égouttez les bâtonnets d'angélique. Déposez sur chaque carré une cuillère à café de bâtonnets (recoupez-les si nécessaire), repliez la moitié de chaque carré sur l'autre pour former un triangle, aplatissez les bords pour fermer.

À l'aide d'un pinceau, étalez un peu de jaune d'œuf sur chaque bouchée, décorez avec de petits morceaux d'angélique.

Enfournez dans le four préchauffé thermostat 6/7 pendant 10 min.

Laissez refroidir sur la plaque de cuisson.

ANGÉLIQUE CONFITE

1 kg de tiges d'angélique
1 l d'eau
600 g de sucre
Jus d'1 citron

Lavez les tiges d'angélique, coupez-les en tronçons réguliers d'environ 1 cm. Plongez-les dans une casserole d'eau bouillante. À la reprise de l'ébullition, diminuez le feu et laissez frémir 45 min.
Égouttez les bâtons d'angélique, rafraîchissez-les à grande eau, égouttez-les soigneusement puis rangez-les dans une terrine.
Préparez le sirop : portez à ébullition 1 litre d'eau dans laquelle vous aurez versé le sucre et le jus du citron. Pour savoir si votre sirop est prêt : déposez-en un peu sur une soucoupe, écrasez-le légèrement et retirez la cuillère ; il doit former un fil cassant.
Versez-le bouillant sur l'angélique. Couvrez d'un linge propre.
Laissez macérer 24 h.
Égouttez les bâtons d'angélique, portez le sirop à ébullition, faites-le cuire pendant 2 min pour qu'il épaississe.
Retirez du feu et versez-le sur les bâtons d'angélique, couvrez d'un linge pour faire macérer 24 h.
Répétez cette opération 4 fois et laissez macérer 48 h la dernière fois.
Retirez les tiges, égouttez-les sur une grille durant quelques heures, puis chauffez votre four thermostat 1 et faites sécher les bâtonnets confits pendant 30 min.
Laissez refroidir avant de les ranger dans une boîte en métal dont vous aurez garni le fond de papier sulfurisé. Séparez chaque couche avec du papier sulfurisé. Conservez dans un lieu frais et sec.

Armoise

L'armoise doit son nom à la déesse Artémis, protectrice des femmes lors de maladies. Autrefois, elle était utilisée en marinade pour attendrir la viande. Aujourd'hui, nous l'utilisons surtout pour aromatiser nos plats. Elle est cousine d'*Artemisia dracunculus* L., autrement dit de l'estragon ; leurs odeurs sont proches.

FAMILLE : Asteracées ou Composées
Artemisia vulgaris L.

AUTRES NOMS COMMUNS : absinthe sauvage, couronne de saint Jean, herbe aux cent goûts, tabac de Saint Pierre.

▶ **La reconnaître :** C'est une plante aux feuilles très découpées. Leur dessus est d'un vert très sombre, le dessous est blanchâtre. Les tiges sont rougeâtres. Un parfum épicé se dégage de ses feuilles lorsqu'on les froisse.

▶ **Confusions possibles :** Avec d'autres espèces du genre *Artemisia* et notamment l'absinthe. En montagne, avec des génépis, qui sont rares : ne les ramassez pas.

▶ **Où et quand la trouver ?** Sur les lieux incultes, les décombres, au bord des chemins, de mai à octobre.

▶ **Cueillir :** Les feuilles et les sommités fleuries.

▶ **Comment l'utiliser :** Les jeunes feuilles dans des salades. Les feuilles et les tiges plus âgées seront cuites.

▶ **Conservation :** Dans des plats déjà cuisinés que vous congèlerez.

> **CONSEIL**
> L'armoise ne devra pas être consommée sur le long terme. Elle est déconseillée aux femmes enceintes et aux jeunes enfants.

> **À SAVOIR**
> L'armoise est digestive et apéritive.

PINTADE À L'ARMOISE

Farcissez la pintade avec une partie de l'armoise. Mettez-la dans un plat creux. Disposez le reste d'armoise émiettée sur la volaille. Salez, poivrez. Arrosez avec l'huile et le vin blanc.
Couvrez. Laissez mariner pendant 1 h en retournant la pintade de temps en temps pour que toutes les chairs soient en contact avec la marinade.
Chauffez l'huile dans une cocotte et faites dorer la pintade sur toutes ses faces.
Épluchez les oignons et les pommes de terre, coupez-les en quatre, jetez-les dans la cocotte. Salez, poivrez. Ajoutez la marinade. Couvrez et laissez cuire en retournant la volaille régulièrement.

1 bouquet d'armoise
6 grosses pommes de terre
4 oignons
1 pintade
2 cuillères à soupe d'huile d'olive
½ verre de vin blanc
Sel, poivre

CAKE ARMOISE ET FETA

Préchauffez le four thermostat 7. Diluez la levure dans 1 cuillère à soupe d'eau tiède.
Dans un bol, cassez les œufs, battez-les en omelette avec l'armoise émiettée. Réservez.
Mélangez la farine et le sel dans un grand plat creux. Incorporez le beurre. Faites un puits, versez les œufs battus et la levure. Travaillez jusqu'à obtenir une pâte souple.
Beurrez un moule à cake, versez la moitié de la pâte. Déposez des rectangles de feta. Intercalez les tomates cerise et les olives. Versez le reste de pâte, décorez de feuilles d'armoise.
Faites cuire 45 min.
Vérifiez la cuisson au couteau. Laissez refroidir avant de démouler. Servez avec une salade.

1 poignée d'armoise (graines et feuilles)
12 tomates cerise
12 olives noires dénoyautées
300 g de farine
150 g de beurre ramolli
150 g de feta
4 œufs
20 g de levure fraîche du boulanger
Sel, poivre du moulin

Aspérule odorante

Elle est belle, élégante, séduisante avec ses jolies fleurs blanches en forme d'étoiles épanouies. Fraîche, elle ne dégage pas d'odeur particulière ; c'est en séchant que son arôme se révèle : entre vanille et amande.

FAMILLE : **Rubiacées**
Galium odoratum (L.) Scop.

AUTRES NOMS COURANTS : aspérinette, étoile odorante, hépatique étoilée, mère des forêts, reine des bois…

▶ **La reconnaître :** Elle ne mesure guère plus de 30 cm. Vous pourrez la trouver facilement au mois de mai, en colonie, sous les grands hêtres. Ses petites feuilles forment des rayons autour de la tige, surmontée de très petites étoiles blanches.

▶ **Confusion :** Avec d'autres espèces du genre *Galium*, mais qui poussent dans d'autres environnements, ou avec le gaillet des bois, beaucoup plus grand et qui présente des tiges ramifiées.

▶ **Où et quand la trouver ?** Dans les forêts de hêtres, d'avril à septembre. Elle fleurit de fin avril à fin mai.

▶ **Cueillir :** Les sommités fleuries.

▶ **Comment l'utiliser :** Dans les pays nordiques, elle servait à aromatiser les saucisses. En Alsace, Bourgogne et Lorraine on l'utilisait pour préparer un vin apéritif appelé « vin de mai » (voir page 63, « Les recettes classiques »). Elle aromatise agréablement gâteaux et boissons.

▶ **Conservation :** Séchée, il est possible de la trouver en herboristerie.

COOKIES À L'ASPÉRULE ODORANTE

Faites ramollir le beurre et préchauffez le four thermostat 6.
Mélangez les deux sucres avec le beurre ramolli dans un grand plat creux jusqu'à obtenir une écume blanche.
Incorporez la farine tamisée, le sel et la levure. Ajoutez les œufs un à un, puis l'aspérule. Mélangez.
Disposez une feuille de papier sulfurisé sur la plaque du four. Au moyen d'une cuillère à café mouillée, posez la pâte obtenue par petite quantité.
Laissez assez d'espace entre chaque petit tas pour qu'ils puissent gonfler. Aplatissez chaque petit tas à l'aide d'une cuillère à soupe trempée dans l'eau.
Enfournez, cuire 10 min.

pour 50 cookies
1 poignée d'aspérule hachée
400 g de farine tamisée
125 g de beurre
125 g de sucre brun
100 g de sucre semoule
2 œufs
1 cuillère à café de levure
1 pincée de sel

APÉRITIF À L'ASPÉRULE ODORANTE

Hachez grossièrement l'aspérule odorante, mettez-la dans un pichet.
Ajoutez le miel, versez le vin blanc et le jus de pomme dessus. Remuez, couvrez et mettez au réfrigérateur. Laissez macérer toute une nuit. Le lendemain, filtrez dans un linge fin en exprimant bien tout le suc de la plante. Servez très frais.

Astuce : Pour une boisson sans alcool, remplacez le vin blanc par de l'eau gazeuse et procédez de la même manière.

Pour une bouteille d'1 litre
1 poignée d'aspérule fraîche
50 cl de vin blanc
50 cl de jus de pomme
1 cuillère à soupe de miel (facultatif)

> **ATTENTION**
> Le séchage de l'aspérule odorante est très délicat. Si la plante prend une couleur noire, cela indique que certaines substances toxiques se sont développées durant le séchage. Ne la consommez surtout pas.

Bardane

Les enfants adorent se bombarder avec ses fruits, ronds comme des petites balles hérissées de tout petits crochets, idéales pour accrocher cheveux ou vêtements. Elle est très commune sous presque toutes les latitudes et cultivée comme légume au Japon. Sa saveur, proche de celle du cardon, est très délicate.

FAMILLE : Astéracées ou Composées
Arctium lappa L.

AUTRES NOMS COMMUNS : bouillon noir, chou d'âne, grateron, herbe à la teigne, herbe aux pouilleux, oreille de géant, peignerolle, oreille d'ours.

▶ **La reconnaître :** Elle peut atteindre 2 m. Ses grandes feuilles en forme de cœur sont vert gris dessus, blanchâtres et cotonneuses dessous. Celles de la base peuvent mesurer plus de 50 cm. Ses fleurs sont pourpres.

▶ **Confusions possibles :** Avec d'autres bardanes dont la petite bardane, *Arctium minus* (Hill) Bernh., également comestible.

▶ **Où et quand la trouver ?** En bordure de chemin, de champ, dans les décombres, les bois clairs, de juin à septembre.

▶ **Cueillir :** Les très jeunes feuilles et les jeunes tiges au printemps. Les racines à l'automne de la première année jusqu'au printemps suivant. Passée cette période, les racines deviennent ligneuses.

▶ **Comment l'utiliser :** Les toutes jeunes feuilles et les tiges crues dans des salades. Les racines cuites à la vapeur, sautées ou en gratins.

▶ **Conservation :** Les racines se conservent cuites à la vapeur et congelées.

> **CONSEIL**
> Après le printemps, blanchissez les feuilles un peu coriaces afin d'en ôter l'amertume.

> **BON À SAVOIR**
> La bardane contient de l'inuline, sucre assimilable par les diabétiques, mais elle peut parfois provoquer des douleurs intestinales.

GRATIN DE BARDANE

Pelez et lavez les racines. Coupez-les en rondelles. Faites-les cuire dans de l'eau bouillante salée — le temps de cuisson dépend de l'âge de la plante : plus elle est jeune, plus vite elle cuit. Dès qu'elles sont tendres, égouttez-les.
Préparez une béchamel en faisant fondre le beurre dans une casserole, ajoutez la farine et faites cuire quelques minutes en remuant avec une cuillère en bois. Salez, poivrez et muscadez. Versez le lait bouillant et continuez de cuire en tournant, jusqu'à ce que la sauce soit assez épaisse.
Disposez les racines de bardane dans un plat à gratin. Couvrez de béchamel. Répartissez le fromage râpé dessus.
Enfournez dans le four thermostat 7 pendant 20 min. Le dessus doit être doré.

1 kg de racines de bardane
¾ l de lait
1 cuillère à soupe de beurre
3 cuillères à soupe de farine
150 g d'emmenthal râpé
Sel, poivre, muscade

BARDANE SAUTÉE À L'ASIATIQUE

Lavez les feuilles. Pelez les tiges les plus coriaces pour ne conserver que les parties les plus tendres, coupez-les en tronçons. Dans une sauteuse faites revenir la bardane avec l'huile. Arrosez avec le jus de citron et le nuoc-mâm, mélangez. Versez l'eau, couvrez et laissez cuire jusqu'à ce que les tiges soient bien moelleuses.
Servez avec un riz basmati ou un riz gluant et des crevettes.

Astuce : Les crevettes peuvent cuire avec la bardane.

1 kg de feuilles et tiges de bardane
1 cuillère d'huile de sésame
1 cuillère à soupe de nuoc-mâm
½ citron
1 petit verre d'eau
Poivre

Benoîte

On reconnaît facilement le long des sentiers ses fleurs jaune d'or aux pétales arrondis et ses fruits, formant des boules hérissées de poils crochus. Cette cousine du fraisier et de la ronce se plaît à l'ombre. On la trouve également à proximité des habitations, d'où son nom latin *urbanum*. Les racines ont une odeur et une saveur proches de celles du clou de girofle.

FAMILLE : Rosacées
Geum urbanum **L.**

AUTRES NOMS COMMUNS : herbe bénite, herbe du bon soldat, herbe de saint Benoît, racine de girofle.

▶ **La reconnaître :** Elle mesure environ 60 cm. Les feuilles ont des découpes assez variables, ce sont les fleurs avec cinq pétales jaunes et les fruits qui permettront une identification sûre.

▶ **Confusions possibles :** Aucune.

▶ **Où et quand la trouver ?** Le long des chemins, des haies, en sous-bois, sur terrain riche, humide et ombragé, de mai à septembre.

▶ **Cueillir :** Les très jeunes feuilles avant la floraison, les racines en automne.

▶ **Comment l'utiliser :** Les jeunes feuilles ciselées relèveront les salades. Les racines séchées ou fraîches aromatiseront des potages, des poissons, bouillons, vins et chocolats.

▶ **Conservation :** Les racines séchées.

> **BON À SAVOIR**
> La benoîte contient de l'eugénol, molécule aux propriétés antiseptiques.

> **CONSEIL**
> Le séchage des racines se fait, après un nettoyage soigneux, à l'ombre, dans un local sec et bien aéré.

VIN DE BENOÎTE

Lavez les racines sous l'eau en les brossant pour éliminer toute la terre. Séchez soigneusement et hachez grossièrement. Dans une casserole versez le vin avec la benoîte, portez à ébullition, diminuez le feu dès les premiers frémissements. Faites cuire 10 min à feu très doux.
Laissez tiédir pour filtrer. Exprimez tout le suc des racines.
Remettez sur feu doux pour faire fondre le miel en remuant. Couvrez et laissez refroidir.
Versez dans des bouteilles ébouillantées, fermez. Laissez reposer une semaine avant de consommer.

60 g de racines de benoîte
1 l de vin rouge
1 ou 2 cuillères à soupe de miel

BOUCHÉES DE LOTTE SAUCE BENOÎTE

La veille, préparez une décoction avec 3 louches d'eau et la benoîte, faites bouillir à petits bouillons pendant 15 min. Couvrez et gardez dans un endroit chaud jusqu'au lendemain.
Faites un court-bouillon avec la carotte pelée, coupée en lamelles, l'oignon, le thym, laurier, le sel et le poivre dans ¾ de litre d'eau. Cuire 20 min.
Mettez la lotte à cuire dans le court-bouillon (15 min). Lorsqu'elle est cuite, couvrez et maintenez au chaud.
Dans une casserole, faites fondre le beurre, incorporez la farine en remuant sur feu très doux, ajoutez la décoction filtrée, remuez jusqu'à obtention d'une sauce onctueuse.
Dressez la lotte sur les assiettes, versez un peu de sauce sur chaque filet, servez avec des pommes de terre vapeur et des haricots verts, décorez avec les carottes et quelques fleurs selon la saison.

8 g de racine sèche de benoîte
1 carotte
1 oignon
1 branche de céleri
16 morceaux de lotte
1 cuillère à soupe de farine
1 gousse d'ail
1 noix de beurre
1 filet de jus de citron
Thym, laurier
Sel, poivre

Berce ou grande berce

Très commune sur tous les bords de chemin, la berce est bonne à consommer dans toutes ses parties. Une agréable odeur d'agrume se dégage de ses tiges creuses et charnues lorsqu'on coupe ou qu'on froisse ses feuilles. En revanche, l'odeur de ses fleurs et de ses fruits, bien que comestibles, n'est pas très agréable.

FAMILLE : Apiacées ou ombellifères
Heracleum sphondylium L.

AUTRES NOMS COMMUNS : angélique sauvage, branc-ursine, corne de chèvre, fausse acanthe, herbe du diable, panais sauvage, patte d'oie ou d'ours…

▶ **La reconnaître :** Plante vivace très commune mesurant jusqu'à 2 m. Toute la plante (tiges et feuilles) est totalement couverte de poils denses. Les feuilles ont des formes variables, les très jeunes feuilles peuvent être presque blanches. Ses fleurs blanches sont disposées en ombelles, les fleurs du pourtour de l'ombelle ont des pétales qui semblent s'étirer pour aller encore plus loin vers l'extérieur.

▶ **Confusions possibles :** Avec d'autres Apiacées (ou Ombellifères) qui ne seraient pas velues, et tout particulièrement avec la berce du Caucase, totalement glabre (sans aucun poil), dont les feuilles sont beaucoup plus découpées et portent des taches rougeâtres. La berce du Caucase est très photosensibilisante : elle peut provoquer de graves brûlures simplement en la touchant.

▶ **Où et quand la trouver ?** Dans les prairies grasses, le long des berges, dans les fossés et les forêts alluviales, de juin à septembre.

▶ **Cueillir :** Les feuilles et les tiges du printemps à l'été. Les fleurs durant l'été et les fruits en fin d'été, mais lorsqu'ils sont encore verts : leur saveur est très prononcée, ils seront donc utilisés à petite dose. Les racines pourront être récoltées en automne.

> **BON À SAVOIR**
> La berce a des propriétés toniques, hypotensives, diurétiques, digestives et… aphrodisiaques (au masculin) !

▶ **Comment l'utiliser :** Les tiges et les feuilles en asperges, gratins, salades, avec des fruits de mer, dans des gâteaux, des soufflés. Les fleurs en beignets, en « brocolis », en décoration de salades. Les fruits verts et les racines, en petites quantités et après les avoir finement broyés, dans des gâteaux, des confitures, pickles, chutneys.

▶ **Conservation :** En pickles, chutneys, en bocal au vinaigre, congelés, les tiges confites (*cf.* recette de l'angélique confite page 17).

> **ATTENTION**
> Beaucoup d'ouvrages mentionnent les propriétés photosensibilisantes de la grande berce, c'est le cas de beaucoup de plantes de cette famille (les Apiacées). Il faudra être vraiment très vigilant et ne pas la confondre avec la berce du Caucase qui est tout particulièrement agressive.

BERCE ET PAMPLEMOUSSE ROSE EN VERRINE

500 g de tiges de berce
12 jeunes feuilles de berce
2 pamplemousses roses
3 fromages de chèvre frais
1 cuillère à soupe d'huile d'olive
Sel, poivre

Avec un couteau économe pelez les tiges de berce afin de retirer les parties trop filandreuses. Rincez-les et coupez 18 tronçons de 5 à 6 cm et le reste en petits morceaux, réservez.

Épluchez le pamplemousse à vif, séparez-le en quartiers, réservez-en la moitié. Coupez en cubes les autres quartiers en morceaux.

Dans un saladier, mélangez les fromages de chèvre, le sel (goûtez votre fromage avant de saler), le poivre, l'huile, la moitié des cubes de pamplemousse et la moitié des petits morceaux de berce. Mettez au réfrigérateur pendant 1 h.

Pendant ce temps, lavez les feuilles de berce et séchez-les sans les froisser. Disposez une à deux feuilles de berce selon leur taille sur chacune des assiettes. Vous pouvez décorer avec quelques fleurs selon la saison.

Répartissez le mélange dans des verrines en procédant par couches : fromage, pamplemousse, fromage, berce, etc., puis « piquez » trois tiges de berce dans chaque verrine, intercalez les quartiers de pamplemousse.

Posez une verrine sur chaque assiette décorée.

4 jeunes feuilles de berce
2 petits oignons frais
1 carotte
1 brin de ciboulette
2 feuilles de brick
Huile d'olive
Sel, poivre

PETITS PAQUETS À LA BERCE

Pelez la carotte, coupez-la en fines rondelles, lavez les feuilles de berce et coupez-les finement. Épluchez les oignons, émincez-les.
Dans une poêle, versez un peu d'huile d'olive, lorsqu'elle est chaude ajoutez les carottes, les oignons puis la berce. Faites fondre doucement en remuant. Versez un peu d'eau. Salez, poivrez. Cuire à feu doux, sans couvrir, jusqu'à évaporation.
Déposez les feuilles de brick humidifiées sur un plat allant au four, déposez les ingrédients au centre puis relevez les bords et attachez-les avec le brin de ciboulette pour former un petit paquet.
Mettez au four thermostat 7 pendant 5 à 10 min. Servez aussitôt.

800 g de berce
40 g de gingembre frais finement haché
6 petits oignons frais avec leurs tiges vertes
1 gousse d'ail pilée
Le jus d'1 citron
1,2 kg de moules fraîches
1 cuillère à soupe d'huile
Sel, poivre

MOULES À LA BERCE

Nettoyez les moules en prenant bien soin de retirer la barbe, rincez-les rapidement, réservez.
Épluchez les oignons, l'ail, le gingembre, ôtez les parties filandreuses des côtes de berce. Coupez-les en petits tronçons, ciselez les feuilles après les avoir soigneusement lavées.
Dans un grand faitout, faites fondre les oignons dans l'huile (gardez les tiges vertes à part), ajoutez l'ail, le gingembre, les côtes de berce. Faites revenir doucement sans laisser colorer.
Ajoutez le jus de citron et un verre d'eau. Portez à ébullition, ajoutez les moules, couvrez puis laissez cuire 8 à 10 min. Sortez du feu, retirez les moules afin de les sortir de leurs coquilles.
Hors du feu, ajoutez les feuilles de berce et le vert des oignons coupés en tronçons dans le bouillon resté dans le faitout, mélangez et couvrez.
Lorsque vous aurez enlevé les moules de leurs coquilles, remettez-les dans le faitout et réchauffez à feu très doux 2 min.
Disposez sur un plat de service et servez bien chaud.

SOUFFLÉ DE BERCE ET ORANGES

Coupez les tiges de berce en tronçons d'environ un demi-centimètre après les avoir soigneusement lavées et épluchées.
Pelez les oranges à vif (on ne doit voir que la pulpe). Séparez les quartiers, réservez.
Mettez le four à préchauffer, thermostat 6/7.
Séparez les blancs d'œufs des jaunes. Battez les blancs en neige. Dans un plat creux, mettez la farine, le sel, le sucre, les jaunes d'œufs, les yaourts, fouettez pour obtenir un mélange homogène. Incorporez les blancs en neige délicatement en soulevant le mélange pour l'aérer. Ajoutez la berce.
Beurrez des ramequins individuels, répartissez le mélange.
Mettez au four. Après 10 min, sortez les ramequins pour ajouter les morceaux d'orange, enfournez à nouveau et laisser cuire 5 min (vérifiez la cuisson au couteau).
Les soufflés sont prêts lorsqu'ils sont montés et le dessus légèrement doré.
Servez aussitôt sortis du four.

120 g de berce
2 oranges
6 œufs
3 yaourts nature
120 g de sucre
1 cuillère à soupe de farine
1 pincée de sel

Les recettes « méli-mélo »

La plupart des recettes de ce livre ne comprennent qu'une seule plante sauvage, ceci dans le but de vous aider à vous familiariser avec la saveur spécifique de chacune des plantes proposées. Mais il est également intéressant de les mélanger pour obtenir des parfums différents. Voici donc quelques recettes utilisant plusieurs plantes sauvages comestibles pour un même plat.

POUR ACCOMPAGNER L'APÉRITIF

BOUCHÉES EN ROBE D'HERBES SAUVAGES

🧍🧍🧍🧍🧍🧍

- 15 g de feuilles de lierre terrestre
- 15 g de feuilles de plantain
- 15 g de feuilles de bourrache
- 15 g de feuilles d'alliaire
- 1 poignée de fleurs en mélange (selon la saison)
- 300 g de fromage de chèvre frais
- 150 g de fromage blanc
- 2 cuillères à soupe d'huile d'olive
- 2 à 3 gouttes de Tabasco (facultatif)
- Sel, poivre

Lavez soigneusement les plantes, égouttez-les.
Dans un saladier, écrasez le fromage de chèvre à la fourchette.
Ajoutez le fromage blanc, l'huile d'olive, le sel, le poivre et le Tabasco.
Mélangez intimement le tout, puis formez de petites boules dans vos mains, réservez sur une assiette.
Prenez quatre bols : dans le premier ciselez finement le lierre terrestre, dans le second le plantain et ainsi de suite.
Roulez un quart des boulettes dans le premier bol, déposez chaque boulette dans un plat de service.
Décorez, par exemple, les boulettes au lierre terrestre avec des fleurs de lierre terrestre, celles au plantain avec des fleurs de trèfle, etc., cela vous permettra de les distinguer les unes des autres.
Faites de même avec les bouchées restantes, puis piquez-les chacune d'un bâtonnet.

ENTRÉES

SOUFFLÉ DE MA GRAND-MÈRE

Lavez soigneusement toutes les plantes, pendant ce temps faites chauffer une grande quantité d'eau.
Faites blanchir toutes les plantes ensemble, égouttez-les et rafraîchissez-les. Hachez-les grossièrement.
Mettez le four à préchauffer thermostat 7/8.
Cassez les œufs en séparant les blancs des jaunes.
Battez les blancs en neige.
Mélangez les jaunes avec la crème fraîche, ajoutez la farine, le sel, le poivre puis les plantes, mélangez bien.
Incorporez les blancs en neige en soulevant délicatement la pâte obtenue.
Beurrez six ramequins et versez-y le mélange.
Enfournez et cuire 15/20 min, jusqu'à ce que le soufflé monte et soit doré.
Vérifiez la cuisson au couteau, il doit ressortir propre.
Servez aussitôt.

100 g d'orties
100 g d'orties blanches
100 g de berce
100 g de pissenlit
100 g d'oseille sauvage
100 g de plantain
6 œufs
1 pot de crème fraîche épaisse
1 à 2 cuillères à soupe de farine
Sel, poivre

VELOUTÉ AUX DEUX ORTIES

Épluchez les pommes de terre, rincez-les soigneusement.
Coupez-les et mettez-les dans une grande casserole, couvrez avec l'eau.
Mettez la casserole sur le feu, portez à ébullition, diminuez le feu et laissez cuire 15 min.
Pendant ce temps lavez soigneusement les orties, égouttez bien.
Ajoutez le sel et le poivre ainsi que les orties.
Laissez cuire 10 min. Après ce temps, sortez du feu, laissez tiédir pour passer au mixer.
Remettez 2 min sur le feu doux.
Ajoutez la crème fraîche et servez.

300 g d'orties piquantes
300 g d'orties blanches
1 kg de pommes de terre
100 g de crème fraîche
1,5 l d'eau
Sel, poivre

TABOULÉ SAUVAGE DE PRINTEMPS

1 poignée de jeunes feuilles de berce
1 poignée de feuilles d'ortie
1 poignée de feuilles de plantain
1 poignée de feuilles de lamier blanc
1 poignée de feuilles et fleurs de primevère
Feuilles et fleurs de pâquerette
Quelques violettes
6 petits oignons frais (en botte)
Le jus d'1 citron
500 g de semoule de couscous
4 cuillères à soupe d'huile d'olive
750 ml d'eau
1 pincée de cannelle en poudre
Sel, poivre

Faites chauffer l'eau. Dans un récipient creux, mélangez la semoule de couscous, la cannelle, le sel et une cuillère à soupe d'huile. Versez de l'eau chaude pour la recouvrir, couvrez et laissez gonfler 5 min. Égrainez la semoule à l'aide d'une fourchette, laissez refroidir.
Lavez toutes les plantes de votre cueillette, faites chauffer un peu d'eau dans laquelle vous ébouillanterez les feuilles d'ortie (Urtica dioïca), ensuite passez-les sous l'eau froide. Hachez grossièrement toutes les feuilles : berce, lamier, ortie, plantain, primevère, pâquerette. Réservez.
Épluchez, lavez et hachez finement les oignons avec leurs parties vertes.
Dans un saladier, mettez le jus de citron, le sel, le poivre le restant d'huile d'olive, ajoutez les plantes hachées ainsi que les oignons.
Mélangez bien le tout et mettez 1 heure au réfrigérateur.
Avant de servir mélangez à nouveau et décorez avec les fleurs.

SALADE DE LENTILLES, CHÉNOPODE ET ARMOISE

Faites chauffer de l'eau (deux fois le volume des lentilles) pour délayer le cube de bouillon de poule. Rincez les lentilles et mettez-les à cuire dans le bouillon avec la carotte coupée en rondelles pendant 20 min.
Retirez un peu du bouillon, salez légèrement (le bouillon est déjà salé) et poivrez, puis laissez refroidir. Mettez au réfrigérateur.
Lavez le chénopode et l'armoise. Blanchissez-les, rafraîchissez-les puis hachez-les grossièrement. Préparez une sauce avec le jus du citron, l'huile d'olive, salez et poivrez. Épluchez l'échalote, hachez-la avec le persil, versez dans la sauce avec les lentilles, mélangez et ajoutez le chénopode et l'armoise.
Servez dans des ramequins individuels, décorez de quelques feuilles de chénopode et d'armoise. Vous pouvez aussi décorer avec des fleurs de saison.

3 poignées de chénopode
½ poignée d'armoise
½ carotte
1 petite échalote
1 citron
Persil plat
½ verre à moutarde de lentilles vertes
1 cube de bouillon de poule
1 cuillère à soupe d'huile d'olive
Sel, poivre du moulin

POISSONS ET FRUITS DE MER

COCON DE FRUITS DE MER AUX HERBES FOLLES ET RUBANS DE VERDURE

Cocon de fruits de mer
200 g d'orties dioïques
200 g de lamier blanc
50 g de pissenlit
quelques feuilles et côtes de berce
1 gros oignon
1 gousse d'ail
1 petit morceau de gingembre frais
1 citron
5 à 6 brins de persil plat
6 petits calmars
1 filet de merlan
1 douzaine de moules décortiquées
6 feuilles de brick
Sel et poivre

Rubans de verdure
1 poignée de feuilles de primevère
1 poignée de feuilles de pissenlit
1 poignée de feuilles de pâquerette
1 poignée de feuilles de lierre terrestre
3-4 feuilles d'ail des ours
Quelques fleurs de primevère, de lierre terrestre et de cardamine des prés

Sauce
½ citron non traité
Vinaigre balsamique
Huile d'olive
Sel, poivre

Mettez le four à chauffer thermostat 8.
Disposez quatre feuilles de brick humidifiées dans un moule à manquer huilé.
Faites ouvrir les moules, décortiquez-les puis réservez-les dans un plat creux.
Coupez le filet de merlan et les calmars, ajoutez-les aux moules, arrosez avec le jus du demi-citron restant.
Épluchez l'ail, l'oignon, le gingembre puis hachez-les finement avec la moitié du citron lavé, réservez.
Lavez les orties, les pissenlits et le persil plat. Hachez-les grossièrement, réservez.
Dans une poêle, faites chauffer une cuillère à soupe d'huile d'olive, jetez-y les fruits de mer, le poisson et le mélange ail-citron-gingembre, faites revenir vivement, ajouter le mélange d'herbes hachées, mélangez rapidement sur feu vif.
Versez sur les feuilles de brick, refermez avec deux feuilles de brick humides, huilez le dessus de la dernière, enfournez, laissez dorer 15 à 20 min.
Pendant ce temps hachez finement la cardamine, mettez-la dans le saladier, ajoutez le jus de citron et le vinaigre, le sel, le poivre puis l'huile d'olive, mélangez.
Ajoutez les feuilles prévues pour le ruban de verdure, les pissenlits ainsi que les fines herbes.
Sortez le cocon du four, posez-le sur un plat de service. Entourez-le de la salade bien mélangée, ajoutez les fleurs de primevère. Servez.

Astuce « gain de temps » : Utilisez un mélange de fruits de mer surgelés.

BROCHETTES DE FRUITS DE MER À L'AIGRE DOUX SUR LIT SAUVAGE

La veille, si vous avez choisi des moules congelées, mettez-les à décongeler.
Si vos moules sont fraîches, faites-les ouvrir dans un faitout sur feu vif. Laissez refroidir puis sortez-les de leurs coquilles.
Dans un récipient, mélangez le vinaigre avec le miel, le curcuma et le paprika, salez et poivrez.
Mettez les fruits de mer à macérer dans ce mélange jusqu'au lendemain.
Épluchez les oignons. Lavez les plantes, égouttez-les bien sans les froisser.
Préparez 6 assiettes un peu creuses en disposant les feuilles de pissenlit et de primevères sur tout le pourtour.
Faites préchauffer le grill du four thermostat 10.
Sur chaque pique à brochette et intercalez une moule, un morceau de calmar, un oignon, une crevette, et ainsi de suite. Conservez le reste de sauce.
Disposez les brochettes sur la grille du four et faites cuire 15 min en retournant et en arrosant avec la moitié de la sauce.
Dès que les brochettes sont cuites, disposez-les au centre des assiettes garnies de verdure, arrosez les brochettes d'un peu de sauce, décorez avec les fleurs et servez avec le reste de sauce dans une saucière.

👤👤👤👤👤👤

2 belles rosettes de pissenlit
1 poignée de feuilles et fleurs de primevère
300 g de calmars coupés en morceaux
12 grosses moules fraîches ou congelées crues
12 grosses crevettes crues décortiquées
12 petits oignons
1 cuillère à soupe de miel
1 cuillère à soupe de vinaigre de cidre
1 pincée de curcuma
1 pincée de paprika
Sel, poivre

12 piques à brochettes en bois

Bourrache

Son nom est rude, à l'image de ses feuilles couvertes de poils rêches. En revanche, ses fleurs sont de véritables petites merveilles de beauté, par la couleur, par la forme, mais aussi par la délicatesse de leur découpe.

FAMILLE : Borraginacées
Borago officinalis L.

AUTRES NOMS COMMUNS : boursette, langue de bœuf.

▶ **La reconnaître :** Elle porte de très jolies fleurs, d'un bleu profond splendide, en forme d'étoiles qui regardent modestement vers le sol. Aussi pour se défendre elle s'est couverte de poils raides piquants, mais doux au printemps. Ses grandes feuilles englobent la tige qui mesure jusqu'à 50 cm. Elle dégage une odeur et un goût entre le concombre et l'huître.

▶ **Confusions possibles :** Avec d'autres plantes de la même famille qui sont également comestibles.

▶ **Où et quand la trouver ?** Elle est souvent cultivée dans les jardins d'où elle s'échappe volontiers pour prospérer le long des chemins voisins. Elle fleurit de juin à octobre.

▶ **Cueillir :** Les feuilles et les fleurs.

▶ **Comment l'utiliser :** Les très jeunes feuilles crues en salades d'avril à mai, puis cuites le reste de la saison. En beignets, légumes, accompagnement de poissons. Les fleurs en décoration de plats jusqu'en octobre (retirez la partie poilue des fleurs qui serait très désagréable dans le gosier).

▶ **Conservation :** Quelques jours au réfrigérateur.

> **BON À SAVOIR**
> Elle est riche en vitamines, particulièrement en vitamine A, mais attention, elle contient des composés naturels nocifs pour le foie à hautes doses. Il faudra donc la consommer occasionnellement.

ACRAS DE BOURRACHE

Lavez soigneusement la bourrache, coupez-la grossièrement. Pelez l'ail et l'oignon.
Coupez l'oignon en quatre.
Dans un mixer, mettez l'œuf, la farine, l'eau, le sel, le poivre et le Tabasco, mélangez. Ajoutez la bourrache, l'ail et l'oignon, mixez jusqu'à ce que tous les ingrédients soient intimement liés.
Couvrez, laissez reposer une heure au réfrigérateur.
Après ce temps, faites chauffer l'huile, lorsqu'elle est très chaude, déposez cette pâte dans l'huile par petits paquets bien séparés afin qu'ils n'attachent pas entre eux, retournez-les pour qu'ils cuisent et dorent de tous côtés.
Égouttez les acras, posez-les sur un plat garni d'une feuille de papier absorbant, salez légèrement, décorez avec les fleurs.
Ces acras « verts » se consomment chauds ou froids.

Pour 15 à 18 acras
12 belles feuilles de bourrache
1 oignon
1 gousse d'ail
5 cuillères à soupe rases de farine
2 cuillères à soupe d'eau
1 œuf
1 pincée de sel et du poivre
Tabasco (facultatif)
Huile de friture

CANAPÉS DE BOURRACHE DU PÊCHEUR

Grillez les tranches de pain. Lavez les feuilles de bourrache, hachez-les finement avec l'ail jusqu'à les réduire en purée. Ajoutez l'huile d'olive et le jus de citron. Salez, poivrez, mélangez.
Tartinez le pain grillé avec la pâte obtenue.
Disposez sur le plat de service.
Posez une crevette et une fleur sur chaque canapé (pensez à ôter la partie piquante des fleurs).
Présentez avec quelques rondelles de citron.

3 poignées de feuilles de bourrache et des fleurs
50 g de crevettes au naturel décortiquées
6 fines tranches de pain de campagne
1 cuillère à café d'huile d'olive
1 gousse d'ail
1 filet de jus de citron
Sel, poivre

Bourse à pasteur

La forme de ses fruits en cœur fait penser à celle de la bourse que portaient les bergers autrefois, ce qui lui a valu son nom. Les feuilles sont croquantes. Elles ont une saveur légèrement salée, un peu piquante qui fait penser au chou, appartenant à la même famille des Brassicacées.

FAMILLE : Brassicacées (Crucifères)
Capsella bursa-pastoris (L.) Medik.

AUTRES NOMS COMMUNS : bourse à berger, bourse de capucin, bourse de Judas, capselle, herbe en cœur, malette à berger, moutarde de Mithridate.

▶ **La reconnaître :** C'est une plante très répandue. Elle mesure entre 10 et 50 cm. Ses feuilles très découpées et poilues sont disposées en rosette.

▶ **Confusions possibles :** Avant la floraison il est délicat de la reconnaître avec certitude, au printemps beaucoup de plantes forment des rosettes comme le pissenlit ou la cardamine dont les feuilles sont lisses, glabres. Sa saveur rappelant celle du chou vous permettra d'identifier la bourse à pasteur.

▶ **Où et quand la trouver ?** Dans les champs, les jardins et les potagers, de février à novembre.

▶ **Cueillir :** Les rosettes que vous couperez sous la base comme on le fait des pissenlits. Les graines.

▶ **Comment l'utiliser :** Les rosettes en salade, cuites à la vapeur, en légumes. Les graines s'utilisent comme condiment.

▶ **Conservation :** Les rosettes blanchies et congelées, les graines séchées.
En Asie, elle est cultivée comme légume.

> **BON À SAVOIR**
> Elle possède des propriétés médicinales (hémostatiques) reconnues et utilisées dans toutes les parties du monde.

SAUCE BOURSE À PASTEUR

Épluchez et hachez les oignons. Faites-les fondre dans l'huile chaude. Lorsqu'ils sont transparents, mouillez avec le vin blanc. Portez à ébullition, faites réduire de moitié.
Pendant ce temps broyez les graines au pilon, ajoutez-les à la préparation avec le miel et la rosette hachée. Versez le bouillon chaud dessus, laissez réduire à feu doux. La sauce doit être un peu sirupeuse.
Servez cette sauce chaude avec des poissons.

1 poignée de graines de bourse à pasteur + 1 rosette
25 cl de bouillon de poule
4 oignons
1 cuillère à café de miel liquide
1 verre de vin blanc sec
1 cuillère à café d'huile
Sel, poivre

QUINOA AUX HERBES DE PRINTEMPS

Épluchez l'oignon, émincez-le. Dans un faitout, faites chauffer l'huile. Jetez-y l'oignon émincé, faites-le dorer sans noircir.
Rincez le quinoa à grande eau, égouttez, ajoutez-le aux oignons. Remuez le quinoa pour qu'il sèche et que tous les grains soient mélangés à l'huile et aux oignons. Mouillez avec 8 verres d'eau. Ajoutez laurier et thym. Dès que l'eau bout diminuez le feu, salez, poivrez. Laissez cuire à découvert, le quinoa doit absorber toute l'eau sans attacher.
Lavez les rosettes, coupez-les en lamelles.
Lorsque le quinoa est presque cuit ajoutez les herbes, mélangez. Laissez cuire 5 min.
Disposez sur un plat de service, décorez de fleurs de saison. Servez aussitôt.

2 rosettes de bourse à pasteur
2 rosettes de pissenlit
1 oignon
3 verres de quinoa
1 cuillère à soupe d'huile
1 feuille de laurier
1 branche de thym
Sel, poivre

Cardamine

Son nom vient du grec *Kardaminon* qui désignait le cresson alénois (plante cultivée en remplacement du vrai cresson). Autrefois, la cardamine était cultivée au potager. La saveur un peu piquante de ses feuilles fait penser à la moutarde ou au cresson, selon la saison.

FAMILLE : **Brassicacées ou Crucifères**
Cardamine pratensis L.

AUTRES NOMS COMMUNS : cressonnette, cresson sauvage, cresson élégant, cresson des prés, bouquet du loup, faux cresson, passerage sauvage, petite dentaire.

▶ **La reconnaître :** Voici une curieuse petite plante avec ses feuilles en rosette aux découpures toutes rondes à la base, qui deviennent allongées et effilées plus on monte le long de la tige florale. Ses fleurs, groupées au sommet de la tige, sont assez grandes et très délicatement teintées de rose pâle. Elle mesure environ une trentaine de centimètres.

▶ **Confusions possibles :** Éventuellement avec la cardamine amère, dont la saveur est plus âpre et les fleurs blanches, mais cela ne présente toutefois aucun danger.

▶ **Où et quand la trouver ?** Au printemps dans les prairies humides, les marais et les berges, de mars à fin mai.

▶ **Cueillir :** Les feuilles en rosette avant la floraison ; elles sont alors bien tendres, pour ajouter aux salades, ensuite elles serviront de condiment, ainsi que les fleurs dont vous décorerez vos plats.

▶ **Comment l'utiliser :** Principalement dans des salades, mayonnaises, sauces, potages. En accompagnement de viandes, poissons et légumes.

▶ **Conservation :** Il est préférable de la consommer crue pour sa teneur en vitamine C. Vous pouvez l'incorporer hachée dans du beurre ramolli que vous congèlerez.

> **CONSEIL**
> Si vous la cultivez, la cardamine sera plus grande qu'à l'état sauvage, ses feuilles pourront même doubler de volume !

SALADE DE POMMES DE TERRE À LA CARDAMINE

Choisissez des pommes de terre qui ne se défont pas. Lavez-les puis faites-les cuire sans les éplucher dans de l'eau, salez dès que l'eau bout.
Vérifiez la cuisson au couteau, égouttez les pommes de terre et coupez-les en rondelles tant qu'elles sont encore chaudes dans un saladier, arrosez-les avec le vin blanc, elles doivent toutes être imbibées. Laissez tiédir et préparez la vinaigrette à laquelle vous incorporerez les feuilles de cardamine et les feuilles de persil finement ciselées. Versez cette sauce sur les pommes de terre encore tièdes et servez aussitôt.

Astuce : Ajustez la quantité de cardamine en fonction de la saison car son goût peut être assez fort.

🧍🧍🧍🧍🧍🧍

1 belle poignée de feuilles de cardamine
1,5 kg de pommes de terre
3 branches de persil
1 grand verre de vin blanc sec
Huile d'olive
Vinaigre de cidre
Sel, poivre du moulin

BEURRE DE CARDAMINE

Procédez comme pour la recette du beurre d'alliaire (page 13), remplacez simplement l'alliaire par la cardamine.

Astuce : Notez les noms de vos préparations avant de les congeler.

Chénopode blanc

Voici l'une des plantes honnies des jardiniers, car elle produit d'innombrables graines minuscules qui se développent sur les terres remuées des potagers et des jardins. La forme de ses feuilles fait penser à la patte d'une oie. Sa saveur délicate est proche de celle de l'épinard, mais beaucoup plus subtile.

FAMILLE : **Chénopodiacées** *Chenopodium album* L.

AUTRES NOMS COMMUNS : ansérine blanche, blé blanc, chou farineux, chou gras, poule grasse.

▶ **Le reconnaître :** Ses feuilles sont d'un joli vert frais dessus, blanchâtres et farineuses dessous. Celles du sommet peuvent être complètement blanchâtres. Sa taille varie de 20 cm à plus d'un mètre. Lorsqu'on frotte une feuille entre les doigts, on a l'impression de sentir des petits grains de sable, surtout sous les feuilles du sommet.

▶ **Confusions possibles :** Avec d'autres chénopodes ou avec l'arroche qui sont comestibles. Dans le Sud de la France, il pourrait être confondu avec le thé du Mexique (*Chenopodium ambrosioides* L.), qui est allergène.

▶ **Où et quand le trouver ?** Sur des sols souvent retournés : potagers, friches, champs. De mai à octobre.

▶ **Cueillir :** Les jeunes tiges et les feuilles.

▶ **Comment l'utiliser :** Les jeunes feuilles crues dans des salades, blanchies ou cuites avec d'autres légumes. La saveur du chénopode étant très délicate, évitez de l'associer à des plantes ou légumes trop forts en goût.

▶ **Conservation :** Les feuilles peuvent être blanchies et congelées.

> **BON À SAVOIR**
> Il est riche en sels minéraux et en vitamines. Mais attention, comme l'oseille et l'épinard, il contient de petites quantités d'acide oxalique. Sa consommation sera modérée, voire proscrite, en cas d'arthrite, d'hépatite, de rhumatismes.

CHÉNOPODE BLANC EN SALADE

Lavez soigneusement le chénopode. Ôtez les plus grosses tiges. Disposez dans le panier vapeur. Dans la cocotte, versez une quantité d'eau suffisante pour couvrir le chénopode. Portez à ébullition. Salez. Faites blanchir les chénopodes, égouttez, rafraîchissez. Mettez au réfrigérateur jusqu'au moment de servir. Servez avec l'huile d'olive et le citron à part, chacun assaisonnera selon son goût.

1,5 kg de chénopode blanc
½ verre d'huile d'olive
2 citrons coupés en quatre
Sel, poivre

ŒUFS BROUILLÉS AU CHÉNOPODE BLANC

Faites bouillir l'eau. Lavez soigneusement les chénopodes, faites-les blanchir, égouttez.
Chauffer l'huile dans une petite poêle. Cassez les œufs dans la poêle, ajoutez les chénopodes, salez, poivrez, râpez un peu de muscade. Mélangez rapidement à l'aide d'une spatule.
Servez sur une grande tranche de pain de campagne grillée, avec une salade.

1 poignée de feuilles de chénopode
2 œufs
1 cuillère à café d'huile
Sel, poivre, muscade

Cirse maraîcher

Le cirse a un goût prononcé, entre épinard et cardon, et ses feuilles, plutôt grandes, limitent la récolte. S'il pousse le long des cours d'eau et des fossés, il est tout à fait possible de le planter au jardin, de le tailler pour avoir des pousses fraîches durant l'été : il disparaîtra à la mauvaise saison et reviendra au printemps.

FAMILLE : Astéracées ou Composées
Cirsium oleraceum (L.) Scop.

AUTRES NOMS COMMUNS : cirse faux épinard.

▶ **Le reconnaître :** C'est un grand chardon vivace sans épines, il peut mesurer jusqu'à 1,70 m. Les feuilles ont une nervure principale de section triangulaire. Leur forme est variable : les jeunes feuilles sont peu découpées, les feuilles plus développées le sont beaucoup plus.

▶ **Confusions possibles :** Aucune.

▶ **Où et quand le trouver ?** Plante commune qui, de juin à octobre, pousse sur les terrains humides : les fossés, les bords de cours d'eau, le long des chemins.

▶ **Cueillir :** Les jeunes feuilles et les tiges tendres avant la floraison, ensuite les feuilles entières pour les cuire ainsi que les côtes (nervures centrales des feuilles), les racines.

▶ **Comment l'utiliser :** Les nervures, croquantes, charnues et juteuses s'emploient comme des côtes de bettes, les feuilles comme des épinards. Les jeunes feuilles (avant floraison) peuvent entrer dans la composition de salades, puis, lorsque leur goût sera plus prononcé, on pourra les faire cuire avec d'autres plantes ou légumes ou seules. Les racines peuvent aussi être consommées, elles se préparent comme des salsifis.

▶ **Conservation :** Les feuilles et les côtes congelées après les avoir blanchies.

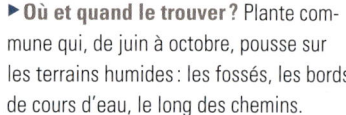

> **BON À SAVOIR**
> Le cirse contient de l'inuline, un sucre directement assimilable par les diabétiques.

TARTE DE CIRSE AUX PETITS OIGNONS

Préparez la pâte en mélangeant tous les ingrédients dans un récipient. Pétrissez. Laissez reposer et gonfler, dans un endroit chaud, pendant 1 h au minimum.
Lavez soigneusement les feuilles de cirse, séparez les feuilles des côtes, ôtez les parties piquantes.
Faites chauffer de l'eau dans une casserole. Quand l'eau bout, mettez les côtes de cirse et les feuilles à blanchir, puis égouttez-les.
Faites revenir les jeunes oignons avec leurs tiges coupés en petits tronçons dans un peu d'huile d'olive. Ajoutez le cirse, salez, poivrez, mouillez. Laisser cuire à feu doux jusqu'à évaporation complète.
Posez la pâte sur une surface plane farinée, étendez-la au rouleau à pâtisserie, étirez-la, puis déposez-la sur la plaque de cuisson.
Étalez la garniture sur la pâte, enfournez dans le four préchauffé, thermostat 9 pendant 15 min.

Variante : Vous pouvez former un gros chausson en repliant la moitié de la pâte sur la garniture. Pressez les bords pour les coller. Badigeonnez avec un peu de lait avant d'enfourner.

Pour la pâte
225 g de farine de froment
20 cl d'eau tiède
20 g de levure de boulanger
1 cuillère à soupe d'huile d'olive
1 cuillère à café de sel

Pour la garniture
18 à 24 feuilles de cirse
1 botte d'oignons frais
Huile d'olive
Eau
Sel, poivre

CONSEIL
Pour éviter que les côtes de cirse noircissent lorsque vous les coupez, mettez-les dans de l'eau légèrement citronnée. Si vous les consommez cuites, c'est inutile, elles reprendront leur couleur lors de la cuisson.

Pour la pâte
300 g de farine
3 œufs
1 blanc d'œuf
Sel

Pour la farce
200 g de cirse
200 g de blancs de poulet
2 échalotes
1 cuillère à café de farine
1 cuillère à soupe d'huile d'olive
Sel, poivre

Pour la cuisson
1 l de bouillon de poule

RAVIOLES DE CIRSE À LA NAGE

LA PÂTE
Versez la farine tamisée dans un saladier. Ajoutez le sel, mélangez. Faites un puits, cassez les œufs dedans, mélangez et pétrissez rapidement.
Roulez la pâte en boule et faites-la reposer une demi-heure au réfrigérateur.

LA FARCE
Lavez les feuilles de cirse, éliminez les pointes un peu piquantes. Coupez les feuilles grossièrement, mettez-les à blanchir.
Dans une casserole, faites fondre le beurre et dorer le poulet coupé en fines lanières. Ajoutez les échalotes épluchées, coupées en petits morceaux. Incorporez la farine, mélangez. Salez, poivrez. Mouillez avec un verre de bouillon de poule. Faites épaissir en remuant. Incorporez le cirse, mélangez.

LES RAVIOLES
Étalez la pâte et découpez-la en 18 carrés. Disposez la farce sur un côté de chaque carré. Repliez pour former des triangles, mettez un peu de blanc d'œuf battu pour coller les bords.
Plongez les ravioles dans une grande casserole de bouillon de poule, retirez du feu dès que les ravioles remontent à la surface. Servez dans des assiettes creuses, avec le bouillon.
Dans des ramequins présentez des herbes : lierre terrestre, cardamine, coriandre, ciboulette, estragon, persil, basilic en fonction de la saison. Chacun les ajoutera selon son goût.

TAGINE DE CIRSE ET POULET

Nettoyez les feuilles de cirse en ôtant les piquants et en séparant les côtes des parties vertes. Coupez les côtes en petits tronçons. Faites-les blanchir dans l'eau bouillante avec les parties vertes coupées en lanières. Égouttez et réservez.
Dans un grand plat, faites revenir les morceaux de poulet avec l'huile d'olive.
Ajoutez le cirse et les oignons (entiers s'ils sont petits ou en lamelles s'ils sont gros).
Couvrez d'eau. Salez, poivrez, mettez une branche de thym. Laissez cuire 10 min à couvert.
Après ce temps, versez le quinoa, rincé et égoutté. Laissez cuire 12 min à feu doux sans couvrir.
Le quinoa peut être remplacé par de la semoule de couscous, du riz ou des pommes de terre. Dans ce cas, adaptez la quantité d'eau et le temps de cuisson.

600 g de cirse
½ botte d'oignons frais
1 poulet en morceaux
3 verres de quinoa
1 cuillère à soupe huile d'olive
Sel, poivre, thym

👤👤👤👤👤(👤👤)

1 kg de cirse
500 g de tomates pelées
2 gros oignons
2 aubergines
2 gousses d'ail
600 g de lasagnes
175 g de fromage de chèvre râpé
Sel, poivre

LASAGNES DE CIRSE

Lavez les feuilles de cirse, coupez-les en lanières de 2 cm. Blanchissez-les à l'eau bouillante. Égouttez-les et réservez. Dans une casserole, faites fondre l'oignon avec l'ail et les aubergines coupées en fines rondelles. Ajoutez les tomates pelées et coupées en petits morceaux, salez, poivrez, ajoutez le cirse, mélangez. Faites réduire pour obtenir une sauce onctueuse mais encore liquide. Huilez un plat à gratin ou un plat à lasagnes. Disposez en alternance une couche de lasagnes et une couche de sauce, saupoudrez de fromage de chèvre râpé. À la dernière couche, décorez avec quelques rondelles de tomates et des feuilles de cirse, puis saupoudrez de fromage râpé. Couvrez avec du papier sulfurisé et faites cuire 35 min au four thermostat 7, vérifier la cuisson et remettez au four sous le grill pendant 15 min afin de faire réduire le bouillon restant et dorer le dessus.
Servez avec une salade.

CIRSE ET BOULETTES DE BŒUF

1 kg de cirse (feuilles et côtes)
12 petits oignons frais
10 brins de coriandre fraîche
10 feuilles de menthe
4 tomates ou ½ boîte
de tomates pelées
1 gousse d'ail
½ bouquet de persil plat
500 g de bœuf haché
125 g de pain rassis ou de panure
Huile d'olive
Sel, poivre du moulin

Lavez le cirse, le persil, la menthe.
Retirez les parties piquantes des feuilles. Séparez les plus grosses côtes des parties vertes. Coupez les côtes en petits tronçons. Coupez les plus jeunes feuilles en lanières.
Épluchez l'ail et les oignons en gardant les tiges vertes que vous couperez en morceaux d'un demi-centimètre.
Mixez le pain rassis pour obtenir une poudre assez fine.
Ajoutez l'ail dans le mixer ainsi que le persil, la menthe, la coriandre, le sel, le poivre et une bonne cuillère à soupe d'huile d'olive. Mixer le tout.
Dans un saladier, mettez ensemble la viande hachée et le mélange de pain et d'aromates moulus.
Mélangez intimement. Formez des boulettes pour en obtenir 3 par personne.
Dans une sauteuse, faites revenir vivement les boulettes sans ajouter d'huile. Lorsqu'elles sont dorées de tous côtés, réservez.
Mettez les petits oignons à revenir dans la sauteuse avec un peu d'huile, le demi-poivron coupé en dés et le cirse.
Ajoutez les tomates préalablement épluchées et coupées ainsi qu'un petit verre d'eau.
Salez, poivrez. Laissez mijoter 10 min, les tomates doivent donner du jus.
Ajoutez les boulettes et laissez cuire dans le mélange de légumes 5 min.
Servez bien chaud avec du riz basmati, du quinoa ou des pâtes fraîches, selon votre goût.

Consoude

Elle aime les terrains riches et humides, on la trouve souvent dans les fossés ou le long des berges. La pilosité de ses grandes feuilles râpeuses est tellement dense que si on appuie fortement deux feuilles l'une contre l'autre, elles restent collées ensemble. Les feuilles et les tiges ont une très subtile saveur de poisson.

FAMILLE : Borraginacées
Symphytum officinale L.

AUTRES NOMS COMMUNS : grande consoude, langue de vache, oreille d'âne, herbe à la coupure, herbe aux charpentiers, confée, pacton.

▶ **La reconnaître :** Ses feuilles engainent la base de la tige, leur texture est rêche ; elles sont couvertes de poils courts et raides. Lorsqu'on coupe une feuille ou une tige, on peut sentir une odeur de concombre. Les fleurs sont groupées au sommet de la tige comme de petites clochettes s'enroulant les unes sur les autres regardant vers le sol, elles peuvent être blanc crème, roses ou violacées. Elle se reconnaît très facilement lorsqu'elle est en fleurs ; si vous ne la connaissez pas, ce sera le bon moment pour la découvrir et éviter toute confusion.

▶ **Confusions possibles :** Avec des digitales très toxiques, et plus particulièrement avec la digitale pourpre qui peut être mortelle, selon la dose ingérée. Les feuilles de la digitale sont moins pointues et ses feuilles couvertes de poils doux contrairement à la consoude ; les fleurs sont plus grosses, elles ont la forme de doigts de gants disposés le long de la tige, l'intérieur est tacheté. Elle dégage une odeur fétide et pousse sur des terrains secs.

La consoude peut être confondue avec la consoude tubéreuse (*Symphytum tuberosum* L.), dont les fleurs sont jaune pâle et les feuilles n'engainent que légèrement la tige. Cette plante, bien que comestible, ne possède pas les qualités de la consoude officinale.

▶ **Où et quand la trouver ?** Sur des terrains humides, au bord des ruisseaux, dans les fossés et les prés humides, d'avril à juillet.
▶ **Cueillir :** Les feuilles et les fleurs.
▶ **Comment l'utiliser :** Les jeunes feuilles se consomment crues très finement hachées, en canapés, dans des salades ou cuites en beignets, en légume, dans des potages qu'elles épaissiront. En fin de saison vous les préférerez cuites.
▶ **Conservation :** Après un bon lavage, vous les conserverez quelques jours dans un torchon au réfrigérateur. Vous les garderez quelques mois après les avoir blanchies et congelées.

> **BON À SAVOIR**
> La consoude est riche en protéines et en vitamines, mais elle contient de petites quantités d'alcaloïdes toxiques pour le foie si on en consomme de grandes quantités. Une consommation modérée et occasionnelle est recommandée.

GALETTES DE CONSOUDE

Égouttez le fromage blanc pendant 1 h.
Cassez les œufs et séparez le blanc des jaunes.
Dans une terrine, mélangez les jaunes avec le fromage blanc et la farine, salez, poivrez. Incorporez délicatement les blancs d'œufs battus en neige, ajoutez les feuilles de consoude soigneusement lavées et hachées.
Chauffez l'huile dans une poêle. Déposez dans l'huile chaude des cuillerées de pâte en les aplatissant pour former de petites galettes, laissez assez d'espace entre chaque galette afin qu'elles n'attachent pas entre elles. Retournez pour cuire et dorer de chaque côté. Au fur et à mesure qu'elles sont cuites, déposez-les sur un plat garni de papier absorbant. Salez légèrement et tenez au chaud à l'entrée du four.

100 g de feuilles de consoude
4 œufs
500 g de fromage blanc en faisselle
200 g de farine
20 cl d'huile d'olive
Sel, poivre

12 belles feuilles de consoude
6 petits oignons frais avec la tige verte
3 carottes
3 navets
1 gousse d'ail
1 cuillère à soupe d'huile d'olive
Sel, poivre

POÊLÉE DE CONSOUDE

Lavez la consoude, épluchez tous les légumes, rincez-les. Coupez les carottes et les navets en bâtonnets, émincez les oignons.

Dans une sauteuse, faites fondre, ensemble dans un peu d'huile, les oignons, les carottes et les navets, ajoutez l'ail haché, salez et poivrez. Couvrez, laissez mijoter à feu très doux pendant 5 min. Attention à ne pas laisser attacher.

Coupez les feuilles de consoude en lamelles, ajoutez-les à la préparation, mélangez, couvrez et laissez cuire encore 15 min, toujours à feu très doux.

Disposez sur un plat de service, décorez de quelques fleurs et servez aussitôt.

CONSOUDE FARCIE

Lavez soigneusement les feuilles de consoude, séchez-les à plat sur un torchon. Salez et poivrez le yaourt de chèvre, mélangez. Déposez une grosse cuillère à café de yaourt bien au centre d'une feuille. Couvrez avec une autre feuille et collez les bords en appuyant fortement sur tout le pourtour.
Dans une assiette creuse, cassez, salez, poivrez et battez les œufs. Mettez la farine dans une autre assiette.
Faites chauffer l'huile dans la poêle.
Trempez chaque paire de feuilles farcies dans les œufs puis dans la farine. Faites cuire et dorer de chaque côté dans la poêle. Décorez de fleurs.

Astuce : Pour que les feuilles collent bien l'une à l'autre, elles doivent être dos à dos.

8 feuilles de consoude
2 cuillères à soupe de farine
2 œufs
1 yaourt de chèvre
Huile
Sel, poivre

Coquelicot

« Gentil coquelicot » fredonne la chanson ! Il a bien failli disparaître durant ces dernières décennies. Depuis quelques années, nous le voyons à nouveau refleurir, parsemant de rouge les champs de céréales dans lesquels il aime se développer, mais où il se montre vite envahissant.

FAMILLE : Papaveracées
***Papaver rhoeas* L.**
Papaveraceae

AUTRES NOMS COMMUNS : coq mahon, pavot des champs, pavot des moissons, ponceau.

> **ATTENTION**
> Le coquelicot fait partie de la famille du pavot. S'il ne possède pas les puissantes propriétés hypnotiques de son cousin, il est légèrement sédatif.

▶ **Le reconnaître :** Lorsque la plante est fleurie, vous n'aurez aucun problème, mais avant la floraison, il vous faudra être attentif et si nécessaire attendre l'apparition des fleurs pour être absolument sûr que c'est bien lui. Ses pétales rouge vif sont tachées de noir à leur base. Les jeunes feuilles en rosette sont très découpées et hérissées de poils, leur forme peut varier d'un pied à l'autre, ce qui ne facilite pas l'identification. En montagne, certaines espèces de coquelicots sont rares, ne les cueillez pas.

▶ **Confusions possibles :** Avant la floraison avec d'autres plantes en rosette.

▶ **Où et quand le trouver ?** Sur les sols en friches, au bord des chemins ensoleillés, dans les champs ; particulièrement les champs de céréales. Renseignez-vous avant la cueillette car le coquelicot peut pousser même dans des champs traités !

À partir d'avril pour les feuilles, de juin à août pour les fleurs, en août et septembre pour les capsules de graines.

▶ **Cueillir :** Les feuilles en rosette avant la floraison. Plus tard, les graines et les pétales.

▶ **Comment l'utiliser :** Les graines serviront de condiment, sur des pains. Les jeunes feuilles crues entreront dans la composition de salades, ensuite vous les ferez cuire en légume ou les ajouterez dans des potages. Les pétales crus seront cristallisés pour décorer des plats et des desserts ou bien apporteront une touche de gaieté à vos salades.

▶ **Conservation :** Les graines séchées se gardent plusieurs mois. Les pétales cristallisés quelques semaines à l'abri de la poussière dans un petit panier en osier fermé, par exemple.

ROSETTES DE COQUELICOT À LA DIABLE

Dans une casserole, versez le vinaigre avec le vin blanc, ajoutez les deux échalotes épluchées et finement hachées, le thym, la feuille de laurier. Faites réduire jusqu'à obtention de l'équivalent de 2 cuillères à soupe. Ajoutez le coulis de tomate, salez, poivrez. Laissez cuire 10 min.
Pendant ce temps, mettez de l'eau à chauffer. Lavez les rosettes de coquelicot, égouttez-les. Lorsque l'eau bout, plongez les rosettes et laissez cuire 2 min. Égouttez, mettez les rosettes de coquelicot dans un plat de service, versez la sauce chaude dessus, décorez avec quelques fleurs. Servez aussitôt.
Pour obtenir un plat complet, servez avec du riz, du quinoa, des lentilles, etc.

5 à 6 rosettes de coquelicot (selon leur taille)
2 échalotes
5 cl de vin blanc
10 cl de coulis de tomate
2 cuillères à soupe de vinaigre
1 branche de persil
1 pincée de piment de Cayenne
Thym, laurier
Sel, poivre

GRISSINI AUX GRAINES DE COQUELICOT

Délayez la levure dans l'eau tiède. Dans un saladier, mélangez la farine et le sel, creusez un puits au centre. Versez la levure et l'huile, mélangez. Travaillez la pâte quelques minutes puis remettez-la dans le saladier. Mouillez un torchon dans de l'eau chaude, couvrez-en le saladier. Gardez-le dans un endroit chaud pendant 1 h 30 environ (le temps de levée dépendra de la température ambiante) : la pâte doit doubler de volume. Faites préchauffer le four thermostat 7.
Sur un plan de travail, jetez une poignée de farine ; mettez la pâte dessus et étendez-la au rouleau jusqu'à ce qu'elle fasse un demi-centimètre d'épaisseur. Badigeonnez légèrement d'eau avec un pinceau et répartissez les graines de coquelicot. Découpez votre pâte en lamelles d'un demi-centimètre à l'aide d'un bon couteau. Garnissez la plaque du four de papier sulfurisé, déposez les lamelles de pâte dessus, puis enfournez et faites cuire 15 à 20 min. Laissez refroidir sur la plaque.
Servez à l'apéritif avec un pistou d'alliaire ou une tapenade d'herbes.

1 à 2 cuillères à café de graines de coquelicot sèches
450 g de farine d'épeautre
25 cl d'eau tiède
15 g de levure fraîche de boulanger
3 cuillères à soupe d'huile d'olive
1 cuillère à café de sel

Cymbalaire

Qui aurait pu penser que la cymbalaire, cette très jolie petite plante rampante, qui pousse entre les joints des vieilles pierres ombragées, est une plante comestible ? Son nom latin *cymba* signifie nacelle.

FAMILLE : Scrofulariacées *Cymbalaria muralis* G. Gaertn., B. Mey & Scherb.

AUTRES NOMS COMMUNS : lierre des murailles, linaire des murailles, linaire violette, ruine-de-Rome.

▶ **La reconnaître :** Ses feuilles ressemblent un peu aux feuilles de lierre, mais en plus arrondies et légèrement charnues. Elle porte de minuscules et ravissantes fleurs, dont les couleurs varient du violet pâle avec un centre jaune, au violet dans toutes ses parties. Les lieux où elle croît lui ont valu des noms peu flatteurs comme « ruine-de-Rome ».

▶ **Confusions possibles :** Aucune.

▶ **Où et quand la trouver ?** Elle s'enracine entre les pierres des vieux murs, des pavés ou sur les rochers, où elle pousse de mai à octobre.

▶ **Cueillir :** Les feuilles et les fleurs.

▶ **Comment l'utiliser :** En salade. Pour décorer les plats.

▶ **Conservation :** Quelques jours au réfrigérateur.

ASPIC DE CYMBALAIRE

Faites bouillir l'eau pour délayer l'agar-agar. Ajoutez les feuilles de thym, couvrez et laissez tiédir quelques minutes, puis ajoutez le jus de citron et les yaourts. Mélangez pour obtenir une préparation homogène, incorporez les feuilles de cymbalaire, gardez quelques feuilles et fleurs pour la décoration.
Garnissez le fond de quatre ramequins avec des tiges feuillées et fleuries de cymbalaire. Répartissez dessus le mélange au yaourt et mettez au frais pendant 2 heures minimum.
Démoulez les aspics sur des assiettes individuelles, décorez avec les feuilles et les fleurs restantes. Servez entouré de coulis de tomate, préalablement relevé de Tabasco.

Astuce : Mouillez les tiges avant d'en tapisser les ramequins ; ainsi elles resteront en place lorsque vous verserez le mélange au yaourt.

1 poignée de feuilles et de fleurs, plus quatre tiges feuillées et fleuries de cymbalaire
4 yaourts de brebis
1 sachet d'agar-agar (2 g)
3 cuillères à soupe d'eau
Le jus d'un ½ citron
Quelques feuilles de thym
Sel, poivre et Tabasco

> **CONSEIL**
> Il est préférable de consommer la cymbalaire fraîche et crue.

SALADE DE CYMBALAIRE

Lavez la laitue ainsi que la cymbalaire, égouttez, rincez les tomates.
Épluchez le pamplemousse à vif, coupez-le en rondelles que vous recouperez en quatre. Dans un ramequin, préparez la sauce avec le jus de citron, l'huile, le sel et le poivre. Répartissez les feuilles de laitue coupées en lamelles dans des plats de service individuels. Disposez la cymbalaire, les quartiers de pamplemousse, les tomates coupées en deux et les cerneaux de noix. Ajoutez quelques fleurs pour décorer. Vous arroserez avec la sauce juste au moment de servir.

1 grosse poignée de feuilles et de fleurs de cymbalaire
1 belle laitue
1 pamplemousse
12 tomates cerise
Quelques cerneaux de noix
Huile d'olive
Le jus d'un ½ citron
Sel, poivre

> **BON À SAVOIR**
> La cymbalaire contient de la vitamine C.

Houblon

Cette plante grimpante est bien connue des brasseurs : ce sont les cônes, c'est-à-dire les fleurs femelles, qui servent à parfumer la bière. Nous nous intéresserons seulement à ses jets (jeunes pousses), dont la saveur très fine en fait un mets d'exception.

FAMILLE : **Cannabacées**
Humulus lupulus **L.**

AUTRES NOMS COMMUNS :
bois du diable, couleuvrée septentrionale, salsepareille nationale, vigne du Nord.

▶ **Le reconnaître :** Par la forme de ses feuilles, mais surtout par le toucher : les jeunes tiges comme les feuilles sont couvertes de minuscules crochets qui les rendent rugueuses et accrochent aux vêtements.

▶ **Confusions possibles :** Avec la bryone, qui est toxique : la forme des feuilles est trompeuse mais la texture de la bryone est différente de celle du houblon. Le houblon est rêche, il accroche et n'a pas de vrilles, contrairement à la bryone. Si un doute subsiste : abstenez-vous.

▶ **Où et quand le trouver ?** Le long des haies, buissons, cours d'eau, en lisière de forêt, d'avril à mai.

▶ **Cueillir :** Les jets ou jeunes pousses dressées vers le ciel.

▶ **Comment l'utiliser :** Comme des asperges, seuls ou en salade.

▶ **Conservation :** En conserve.

SALADE PRINTANIÈRE AUX JETS DE HOUBLON

Cuisez les œufs durs, rafraîchissez-les. Réservez.
Rincez les jets de houblon, cuisez-les à la vapeur
8 min (salez l'eau au préalable). Égouttez,
laissez refroidir.
Lavez les autres plantes, égouttez-les et séchez-les
délicatement.
Préparez la sauce avec l'huile, le jus du citron,
les feuilles d'alliaire ciselées, le sel, le poivre.
Écalez les œufs, écrasez-les à la fourchette.
Disposez les feuilles de pâquerette et de primevère
dans un grand plat légèrement creux, ajoutez
les jets de houblon froids.
Versez la sauce sur les légumes, parsemez
avec les œufs, décorez de fleurs. Servez.

300 g de jets de houblon
100 g de feuilles de primevère
100 g de feuilles de pâquerette
Quelques feuilles d'alliaire
2 œufs
6 cuillères à soupe d'huile d'olive
1,5 cuillère à soupe de jus de
Citron
Sel, poivre

FAGOTS DE JETS DE HOUBLON

Chauffer l'eau salée. Rincez les jets de houblon, la
ciboulette et les tomates. Coupez les jets en tronçons
de même longueur, attachez-les par petits paquets
avec deux brins de ciboulette. Déposez ces petits
fagots dans le panier vapeur, cuisez 8 à 10 min.
Chauffez doucement la crème au bain-marie sans la
faire bouillir. Incorporez la ciboulette ciselée, salez,
poivrez, râpez un peu de muscade. Mélangez, gardez
au chaud.
Grillez le pain, coupez les tranches en deux, déposez
deux demi-tranches sur chaque assiette, intercalez une
feuille d'endive sur laquelle vous déposerez les petits
fagots de jets de houblon. Ajoutez les tomates cerise
coupées en deux.
Versez la moitié de la crème en ruban. Servez aussitôt,
avec le reste de crème en saucière.

400 g de jets de houblon
12 tomates cerise
1 ou 2 endives
Ciboulette
4 tranches de pain de campagne
1 pot de crème fraîche épaisse
Sel, poivre, muscade

> **CONSEIL**
> Les très jeunes jets de houblon se consomment également crus.

Les recettes « classiques »

Les recettes suivantes sont des recettes anciennes, qui me paraissent incontournables des « classiques » de la cuisine sauvage. Pour vous livrer ces recettes, je me suis librement inspirée de divers ouvrages, notamment de *La cuisine des plantes sauvages* de C. Boisvert, *Dégustez les plantes sauvages* de F. Couplan, *L'herbier de la santé* de B. Ticli, mais également de *La cuisinière provençale* de J.-B. Reboul.

500 g de tiges et de feuilles de berce
2 oignons
100 g d'olives noires à la grecque
400 g de morue séchée dessalée
4 œufs
75 cl de bouillon de légumes
1 cuillère à soupe d'huile d'olive
1 branche de thym
1 feuille de laurier
Poivre

GRATIN DE BERCE (PLAT PRINCIPAL)

Nettoyez et rincez la berce, coupez les tiges en petits tronçons, hachez grossièrement les feuilles. Faites cuire la morue dans une grande quantité d'eau non salée. Épluchez les oignons, coupez-les en lamelles. Mettez l'huile dans un plat à gratin, déposez les oignons au fond. Dessus, versez ensemble la berce et la morue égouttée, parsemez d'olives noires, de thym et de laurier émiettés, poivrez.
Versez le bouillon de légumes, il doit juste couvrir les ingrédients.
Enfournez au four thermostat 7 pendant 20 min.
Cuisez les œufs pour qu'ils soient mollets, écalez-les et ajoutez sur le plat 2 min. avant la fin de la cuisson.

400 g de jets de houblon
4 œufs
4 grandes tranches de pain de campagne
Crème fraîche liquide
Sel, poivre

JETS DE HOUBLON « COLBERT »

Inspiré du livre de Clotilde Boisvert

Faites cuire les jets de houblon à la vapeur, pendant ce temps faites griller les tranches de pain, déposez chacune sur une assiette.
Dans une petite casserole faites pocher les œufs, égouttez-les avant d'en déposer un sur chaque tranche de pain, salez et poivrez.
Chauffez doucement la crème au bain-marie.
Disposez les jets de houblon sur et autour de l'œuf, arrosez d'un peu de crème fraîche, présentez le reste de crème tiédie en saucière.
Ajoutez quelques fleurs (primevère par exemple) et servez aussitôt.

SALSIFIS D'ALEXANDRE DUMAS

Extrait du Dictionnaire de cuisine *d'Alexandre Dumas (1873)*

On les ratisse à blanc, on les jette à mesure dans l'eau avec un peu de vinaigre, puis lorsqu'ils sont bien lavés, on les fait cuire à grande eau avec du sel et du vinaigre; ils s'écrasent sous les doigts lorsqu'ils sont cuits; alors on les retire, on les égoutte et on les sert avec une sauce au beurre.

On les sert aussi en gras, et pour lors, faire un roux léger, mouillez avec du jus, faites réduire et mettez-y vos racines. Pour les mettre en friture, on les fait cuire dans une eau fortement vinaigrée; on les trempe dans une bonne pâte, et on les fait frire dans du beurre affiné, selon la méthode ordinaire.

Nota: J'ai trouvé cette recette tellement savoureuse, tant par son vocabulaire que par sa saveur, que je n'en ai pas changé une seule virgule!

SALADE DE PISSENLIT (ENTRÉE)

Lavez soigneusement les pissenlits, égouttez-les. Dans un saladier, préparez une vinaigrette, salez peu ou pas car les lardons sont déjà salés.
Épluchez l'ail et frottez-en les croûtons, mettez-les dans la vinaigrette, ajoutez les pissenlits, mélangez.
Faites blanchir les lardons puis mettez-les à sauter dans une poêle avec un peu d'huile. Lorsqu'ils sont dorés déglacez avec un peu de vinaigre. Versez aussitôt sur les pissenlits. Mélangez et servez aussitôt.

Astuce: Pour un plat complet, ajoutez un œuf mollet par personne.

6 belles rosettes de pissenlit
100 g de lardons fumés
50 g de croûtons de pain rassis
3 cuillères à soupe d'huile
1 gousse d'ail
1 cuillère à soupe de vinaigre
Poivre
Sel (facultatif)

FILETS DE CONSOUDE

Inspiré du livre de F. Couplan

12 belles feuilles de consoude
125 g de farine
3 œufs
40 cl de lait
30 g de beurre
1 cuillère à soupe d'huile
Sel, poivre

Préparez une pâte à crêpe en travaillant ensemble et dans l'ordre suivant : la farine, le sel, les œufs, le beurre fondu et le lait. Laissez reposer une heure. Pendant ce temps, lavez soigneusement les feuilles de consoude, séchez-les sans les abîmer puis collez-les par deux, dos à dos (passez-les au rouleau à pâtisserie si cela est nécessaire).

Chauffez l'huile dans une grande poêle. Plongez chaque paire de feuilles dans la pâte à crêpe, faites cuire de chaque côté, dans l'huile chaude sur feu vif. Déposez sur la lèchefrite couverte de papier absorbant et gardez au four thermostat 3, pendant la cuisson des autres feuilles.

Lorsque toutes les feuilles sont cuites, disposez-les sur un plat de service. Décorez de fleurs de consoude, servez aussitôt.

VINAIGRE DE SUREAU

500 g de fleurs de sureau séchées
½ litre de vinaigre de vin

Dans un grand bocal en verre transparent mettez les fleurs de sureau avec le vinaigre de vin. Fermez hermétiquement, secouez pour mélanger.
Exposez au soleil pendant 10 jours, remuez de temps en temps.
Filtrez dans un linge fin en exprimant tout le suc.
Filtrez une seconde fois à l'aide d'un filtre en papier.
Conservez dans des bouteilles bien bouchées.

Astuce : Cette recette peut être réalisée avec d'autres plantes : estragon, lierre terrestre, romarin, sauge…

VIN DE MAI

Mettez tous les ingrédients à macérer pendant 15 à 20 jours dans des bouteilles d'au moins un litre qui ferment hermétiquement.
Après ce temps, filtrez la macération et exprimez bien le suc de la plante. Mettez dans des bouteilles dont le bouchon est retenu par un fil de métal car ce vin devient pétillant et peut faire sauter les bouchons : les bouteilles de limonade en verre sont ce que j'ai trouvé de mieux.
Conservez dans un local frais à l'abri de la lumière durant 2 mois avant de consommer.
Ce vin se boit frais en apéritif.

100 g de sommités fleuries d'aspérule odorante
2 bouteilles de bon vin blanc sec
100 g de sucre brun

VIN DE PÂQUERETTE

Équeutez les pâquerettes, écrasez-les un peu dans un grand saladier, versez le vin blanc dessus.
Couvrez, laissez macérer 2 jours dans un endroit frais.
Filtrez au tamis garni d'un linge fin. Pressez pour extraire tout le suc des fleurs.
Versez dans une grande casserole, ajoutez le sucre, portez à ébullition en remuant.
Remplissez des bouteilles préalablement ébouillantées.
Bouchez, conservez dans un endroit frais à l'abri de la lumière pendant 2 mois avant de consommer.
Servez frais en apéritif ou digestif.

500 g de fleurs de pâquerettes
1 litre de vin blanc
750 g de sucre

VIN DE PISSENLIT

Lavez bien les racines (brossez-les si nécessaire), séchez-les sur un torchon propre.
Mettez-les à macérer pendant 10 jours dans le vin blanc. Filtrez en exprimant bien le suc des racines.
Versez dans des bouteilles, fermez bien.
Ce vin aide à lutter contre la toux.

30 g de racines de pissenlit
20 g de racines de chicorée
1 litre de vin blanc

RATAFIA DE SUREAU

Inspiré du livre de B. Ticli

500 g de fruits de sureau noir
500 g de sucre
500 ml d'alcool à 90°
500 ml d'eau
½ citron

Cueillez des fruits bien mûrs. Écrasez-les avec l'écorce du citron.
Versez dans une jarre, ajoutez le sucre et l'alcool, mélangez. Couvrez et laissez macérer trois semaines en remuant tous les jours.
Après ces trois semaines ajoutez l'eau, mélangez bien, laissez reposer une semaine supplémentaire.
Filtrez et transvasez dans des bouteilles que vous boucherez hermétiquement.

THÉ DE PRIMEVÈRE

Inspiré du livre de C. Boisvert

Pour une tasse
1 belle pincée de feuilles de primevère séchées
1 tasse d'eau

Mettez les feuilles de primevère dans la tisanière ou dans une théière, versez l'eau bouillie bien chaude mais non bouillante. Laissez infuser 4 min. Filtrez et servez.

VIOLETTES CRISTALLISÉES

Rincez rapidement les fleurs, conservez-les entières avec un petit morceau de pédoncule (la tige). Séchez délicatement les fleurs sans les froisser ni les écraser.
Dans une assiette creuse, battez le blanc d'œuf avec la pincée de sel.
Versez le sucre cristal dans une autre assiette.
Garnissez une plaque du four de papier sulfurisé.
Prenez chaque fleur par le pédoncule, trempez-la dans le blanc d'œuf, égouttez légèrement, trempez dans le sucre puis déposez sur la plaque. Faites de même avec chacune des fleurs.
Laissez sécher pendant 48 h dans un local sec et chaud. Pour accélérer le séchage, mettez les fleurs pendant 2 h au four thermostat 1 (30 °C environ), la porte du four entrouverte. Attention les violettes ne doivent pas cuire.
Ôtez les pédoncules avant de ranger les fleurs cristallisées dans des paniers aérés, à l'abri de la poussière.

Astuce : Vous pourrez réaliser cette recette avec d'autres fleurs : primevère, pétales de coquelicot, pétales de rose, etc.

---

2 poignées de fleurs violettes fraîches
1 blanc d'œuf
3 cuillères à soupe de sucre cristal
1 petite pincée de sel

Lamier blanc

Le lamier blanc pousse généralement en compagnie de la grande ortie, avec laquelle il est souvent confondu. Mais, contrairement à elle, il ne pique pas. Il porte de jolies fleurs blanches asymétriques. Sa saveur est agréable même si son odeur déplaît parfois.

FAMILLE : Lamiacées ou Labiées *Lamium album* **L.**

AUTRES NOMS COMMUNS : herbe archangélique, marachemin, ortie blanche, ortie morte.

▶ **Le reconnaître :** Ses feuilles ressemblent beaucoup à celles de la grande ortie. Ses fleurs blanc jaunâtre sont groupées au même niveau autour de la tige, carrée et poilue. Il mesure une trentaine de centimètres.

▶ **Confusions possibles :** Avec d'autres lamiers lorsqu'ils ne sont pas en fleurs : comme le lamier jaune, aux fleurs jaunes, ou le lamier à longues feuilles, qui a des fleurs rouges tachetées de blanc. Ces confusions sont sans danger.

▶ **Où et quand le trouver ?** Le long des chemins ensoleillés, sur les talus, d'avril à mai.

▶ **Cueillir :** Les sommités avant la floraison, les fleurs.

▶ **Comment l'utiliser :** Dans des soupes, des salades, en légumes. Les fleurs sont très décoratives.

▶ **Conservation :** Les feuilles congelées, après les avoir blanchies.

> **BON À SAVOIR**
> C'est une plante diurétique.

RAVIOLES DE LAMIER SAUTÉES

LA PÂTE
Versez la farine et le sel dans un saladier, cassez les œufs dessus, mélangez. Pétrissez la pâte longuement. Roulez-la en boule. Laissez reposer 1 h au réfrigérateur.

LA FARCE
Dans une casserole, faites fondre le beurre avec les échalotes épluchées et hachées, salez, poivrez. Lavez et hachez grossièrement lamier et ortie, versez-les dans la casserole avec les yaourts, mélangez sur feu doux. Réservez.
Étalez la pâte au rouleau. Découpez-la en carrés. Déposez la farce d'un côté de chaque carré, repliez pour former des triangles, mettez un peu de blanc d'œuf légèrement battu pour coller les bords. Plongez les ravioles dans une grande casserole d'eau bouillante salée. Dès que les ravioles remontent à la surface égouttez-les.
Chauffez un peu d'huile d'olive dans une poêle, faites revenir et dorer les ravioles de chaque côté. Servez aussitôt, parsemé de fleurs et de feuilles fraîches.

Pour la pâte
300 g de farine
3 œufs + 1 blanc
Huile d'olive
Sel

Pour la farce
150 g de lamier blanc
150 g d'ortie
2 échalotes
2 yaourts de brebis
Sel, poivre

RIZ AUX DEUX ORTIES

Faites tremper le riz 15 min. Lavez, hachez le lamier et l'ortie grossièrement.
Chauffez l'huile, versez le riz égoutté. Mélangez pour que le riz soit bien enrobé d'huile.
Incorporez les plantes, couvrez d'eau bouillante salée. Laissez cuire jusqu'à ce que l'eau soit évaporée. Le riz doit être tendre et moelleux.

300 g de lamier et d'ortie
250 g de riz parfumé
Huile d'olive
Sel, poivre

> **CONSEIL**
> Utilisez le lamier blanc en mélange avec la grande ortie dans des soupes et des sauces.

Lierre terrestre

Même si on le nomme « lierre », il ne ressemble absolument pas au lierre ; pourtant ils poussent tous deux souvent dans les mêmes lieux. Le lierre terrestre ne grimpe pas, il rampe. Son odeur aromatique est forte. Sa saveur prononcée en fait une plante intéressante pour relever certains mets.

FAMILLE : Lamiacées ou Labiées *Glechoma hederacea* **L.**

AUTRES NOMS COMMUNS : courroie de saint Jean, herbe de saint Jean, herbe du bonhomme, rondelette…

▶ **Le reconnaître :** Ses feuilles sont rondes, aux découpures également arrondies. Les tiges fleuries sont dressées contrairement aux autres tiges de cette plante rampante. De mars à mai, elle porte de jolies fleurs violettes, asymétriques, groupées à la naissance des feuilles. Sa tige, comme presque toutes les plantes de cette famille, est de section carrée. Son odeur et sa saveur sont inimitables.

▶ **Confusions possibles :** Avec certaines renoncules, très toxiques, qui ne présentent pas de tiges rampantes et dont les nervures sont moins apparentes. Elles poussent parfois sur les mêmes lieux mais n'ont pas le parfum aromatique du lierre terrestre.

▶ **Où et quand le trouver ?** Dans les haies, les sous-bois, les terrains herbeux, les jardins, les lieux ombragés. De mars à juillet.

▶ **Cueillir :** Les feuilles et les fleurs.

▶ **Comment l'utiliser :** En macération, infusion, cru dans des salades et autres plats.

▶ **Conservation :** Après lavage, quelques jours au réfrigérateur.

> **BON À SAVOIR**
> En infusion, le lierre terrestre aide à calmer les toux grasses. Consommez-le avec modération ; sur le long terme, il peut provoquer des diarrhées.

APÉRITIF AU LIERRE TERRESTRE

Hachez le lierre terrestre après l'avoir soigneusement lavé, mettez-le dans un récipient.
Lavez le citron, coupez-le en fines rondelles.
Ajoutez-le dans le pichet
Versez le vin blanc et le jus de pomme sur le lierre terrestre, couvrez.
Laissez macérer au réfrigérateur pendant 1 à 2 h, puis filtrez en exprimant le jus.
Ajoutez l'eau gazeuse bien fraîche. Servez aussitôt.

pour 1,25 l d'apéritif
Une belle poignée de lierre terrestre
1 citron non traité
½ bouteille de vin blanc
½ l de jus de pomme
½ bouteille d'eau gazeuse

CAKE AU LIERRE TERRESTRE ET COULIS DE FRUITS ROUGES

Lavez et hachez le lierre terrestre. Réservez.
Préparez la pâte dans une terrine : mélangez la farine, le sucre, la levure, le sel, incorporez le beurre jusqu'à ce que la pâte ait l'aspect d'une semoule grossière.
Cassez l'œuf dans un grand bol, ajoutez le lait et le lierre terrestre, versez dans la pâte.
Mélangez intimement.
Beurrez un moule à manquer, versez la pâte.
Faites cuire 15 à 20 min au four, thermostat 6.
Servez tiède ou froid, avec le coulis de fruits rouges.

Astuce : Le coulis peut être remplacé par une crème anglaise.

👤👤👤👤👤👤
50 g de lierre terrestre
180 g de farine complète
175 g de sucre roux
120 g de beurre ramolli
20 cl de lait
2 œufs entiers
1 sachet de levure en poudre
½ cuillère à café de sel
Coulis de fruits rouges

Origan

Vous connaissez sans aucun doute la saveur de l'origan pour en avoir mangé sur les pizzas. Il sera plus aromatique s'il est exposé au soleil et encore plus dans les régions méridionales. C'est un proche cousin de la marjolaine vraie.

FAMILLE : Lamiacées ou Labiées
Origanum vulgare L.

AUTRES NOMS COMMUNS :
grande marjolaine, marjolaine bâtarde, marjolaine sauvage, thé rouge.

▶ **Le reconnaître :** Cette plante pousse en colonie. Ses tiges sont rougeâtres, couvertes de minuscules poils. Les feuilles ont une forme arrondie. Ses fleurs, dont les couleurs varient du rose pâle au pourpre, sont réunies au sommet de la tige. Son parfum est incomparable.

▶ **Confusion :** Étant donné son odeur, il n'est guère possible de se tromper, mais si vous avez un doute, froissez une feuille entre vos doigts pour le reconnaître.

▶ **Où et quand le trouver ?** Il est très répandu sur les terrains secs, les prairies et les lisières de bois clairs, des bords de mer jusqu'aux montagnes. De juin à fin septembre.

▶ **Cueillir :** Les feuilles, les sommités en boutons et en fleurs.

▶ **Comment l'utiliser :** Les feuilles s'ajoutent crues, ciselées aux salades que vous pourrez parsemer de fleurs. Les boutons floraux parfumeront les pizzas. La plante entière aromatisera des plats, sauces, légumes crus ou cuits, etc.

▶ **Conservation :** Les boutons floraux séchés.

> **CONSEIL**
> Pour le séchage, faites un bouquet : enveloppez-le de papier kraft (on ne doit plus voir la plante), suspendez tête en bas dans un endroit bien ventilé et sec pendant quelques jours. Équeutez et rangez dans une boîte en métal.

VIN D'ORIGAN

Mettez le miel dans une bouteille d'un litre, versez dessus l'équivalent d'un verre de vin et mélangez pour faire fondre le miel.
Ajoutez l'origan et le reste de vin. Fermez bien la bouteille, agitez-la pour que tous les ingrédients soient bien mélangés. Entreposez dans un local frais à l'abri de la lumière. Laissez macérer pendant 12 jours en remuant de temps en temps.
Filtrez, exprimez le suc de la plante et mettez en flacons.
À boire frais en apéritif ou en digestif.

Pour une bouteille de 75 cl
50 g de sommités fleuries d'origan
1 bouteille de vin blanc sec
1 cuillère à soupe de miel

BROCHETTES À L'ORIGAN

Épluchez la carotte, rincez-la puis coupez-la en fines rondelles.
Coupez la feta en cubes. Émiettez l'origan sec dans une assiette et roulez chaque cube de feta dans l'origan émietté.
Sur chaque bâtonnet piquez une rondelle de carotte, un cube de feta, une feuille d'origan et une olive soit verte soit noire ou une tomate cerise. Présentez sur une assiette garnie de feuilles de salade, parsemée de fleurs fraîches d'origan.

36 feuilles d'origan frais
200 g de feta
12 olives noires dénoyautées
12 tomates cerise
12 olives vertes dénoyautées
1 ou 2 carottes (selon la taille)
1 cuillère à café d'origan sec

36 petits bâtonnets en bois

> **À SAVOIR**
> La cuisson lui fait perdre sa saveur : prenez soin de l'ajouter sur les plats juste au moment de servir.

Ortie

L'ortie est sans doute la plus connue de toutes les plantes sauvages comestibles, c'est aussi et très certainement « la mauvaise herbe » par excellence ! Elle pousse partout : chemins, sentiers, décombres, jardins… Sa mauvaise renommée lui vient du fait qu'elle pousse inconsidérément partout sans y être invitée, et que ses poils urticants nous piquent sans vergogne.

FAMILLE : Urticacées
Urtica dioica L.

AUTRES NOMS COMMUNS : grande ortie, méchante ortie, ortie commune, ortie grièche, etc.

▶ **La reconnaître :** Si vous vous y frottez, une seule fois, vous ne l'oublierez plus ! C'est pourquoi je ne vous ferai pas l'affront de la décrire. Elle peut mesurer jusqu'à 1,50 m. Ses fleurs sont verdâtres et insignifiantes. Cuite, elle est d'un très joli vert vif.

▶ **Confusions possibles :** Avec la petite ortie qui pique également, mais celle-ci atteint seulement 50 cm. Avec les lamiers : le blanc (voir page 66), le jaune ou le pourpre, quand ils ne sont pas en fleurs. Les lamiers ne piquent pas. De plus, le lamier blanc (ou ortie blanche) pousse très souvent sur les mêmes lieux que la grande ortie mais il est plus petit. En cas d'erreur, il n'y a aucun danger car toutes ces plantes sont inoffensives et parfois même comestibles.

▶ **Où et quand la trouver ?** Le long des chemins. Toute l'année en cas de fauchage ou de taille. Si vous avez la chance d'en avoir dans votre jardin, il vous faudra tout de même la contenir pour ne pas être envahi.

> **BON À SAVOIR**
> Les orties sont bonnes pour notre santé : elles sont dépuratives, diurétiques, revitalisantes et reminéralisantes.

▶ **Cueillir :** Toutes les parties de l'ortie peuvent être consommées : feuilles, tiges, graines, racines. Toutefois, dans les recettes suivantes, nous n'utiliserons que les parties aériennes de la plante qui sont les plus simples à récolter et aussi à cuisiner. Au printemps vous cueillerez les 4 jeunes feuilles du sommet pour les consommer crues. Plus tard, cueillez toujours les sommités, même si elles sont un peu coriaces ; vous les utiliserez cuites. Il est possible de cueillir les repousses, après fauchage, jusqu'en automne. Munissez-vous de gants, sauf après la pluie (mouillée, l'ortie ne pique pas).

▶ **Comment l'utiliser :** Les orties s'emploient de la même façon que les épinards : en salades, omelettes, potages, avec les viandes et les poissons, dans des crêpes, des blinis et des pains.

▶ **Conservation :** Après les avoir lavées, placez les orties dans une passoire, verser de l'eau bouillante dessus, laissez refroidir puis mettez-les dans des sachets de congélation et congelez-les. Il est également possible d'en faire des conserves en bocaux de verre.

> **CONSEIL**
> Pour les manger dans des salades, choisissez les feuilles les plus tendres (celles du sommet) et prenez la précaution de les disposer dans une passoire pour les ébouillanter, cela leur fera perdre leur pouvoir urticant. Vous pourrez faire de même avec les feuilles, que vous utiliserez pour décorer vos assiettes et vos plats.

Autrefois, le pouvoir urticant de l'ortie était utilisé pour soigner les rhumatismes : on frottait les zones douloureuses avec les feuilles d'ortie ! Nos anciens s'en servaient aussi pour lutter contre l'anémie et prêtaient à ses graines des vertus aphrodisiaques. Dans la Grèce antique, il était conseillé de la consommer avant l'arrivée des hirondelles. Aujourd'hui, nous savons qu'elle est riche en sels minéraux, en vitamines, et même en protéines. C'est pourquoi il serait dommage de ne pas la consommer, surtout au début du printemps lorsque la sève et les premiers rayons de soleil invitent la végétation à sortir de la torpeur hivernale. C'est à cette période que les principes actifs de l'ortie sont les plus développés et que vous bénéficierez au maximum de tous leurs bienfaits.

TAPENADE D'ORTIE SUR CANAPÉS

3 belles poignées de feuilles d'ortie
6 fines tranches de pain de campagne grillées
½ gousse d'ail
Jus d'1 citron + zestes
Huile d'olive
Sel, poivre

Faites griller les tranches de pain pendant que vous lavez les orties. Hachez les orties avec l'ail jusqu'à obtenir une purée. Ajoutez l'huile d'olive et le jus de citron. Salez et poivrez.
Tartinez les tranches de pain grillé avec cette préparation, coupez pour former des petits toasts et disposez sur le plat de service, décorez avec quelques feuilles d'orties ébouillantées, des zestes de citron et, selon la saison quelques tomates cerise et des fleurs comestibles : primevère, coquelicot, pâquerette, etc.

Astuce : Cette recette peut se faire avec du plantain, de la consoude, du lamier (ou ortie blanche) et, en tout début de printemps, avec du pissenlit. Personnellement, j'aime servir en même temps plusieurs sortes de canapés ; chaque plante ayant une saveur bien différente de l'autre, c'est très surprenant !
Veillez à les présenter avec un signe distinctif soit sur chaque canapé, soit en disposant un type de canapé sur un même plat avec une feuille de la plante comme indicateur.

VELOUTÉ D'ORTIE AUX ÉPICES

600 g d'orties
1 kg de pommes de terre
250 g de crème fraîche liquide (facultatif)
1,5 l d'eau
Gingembre
Paprika
Curcuma
Sel, poivre

Épluchez les pommes de terre, rincez-les soigneusement. Coupez-les et mettez-les dans une grande casserole. Couvrez d'eau. Portez à ébullition, salez et mélangez.
Pendant ce temps, lavez soigneusement les orties, égouttez bien.
Cinq minutes avant la fin de la cuisson des pommes de terre, ajoutez les orties, mélangez. Laissez cuire 5 min. Après ce temps, sortez du feu, laissez tiédir un peu pour passer au mixer. Ajoutez deux pincées de chaque épice, poivrez, mélangez et remettez sur le feu 2 min en remuant.
Servez avec une cuillerée de crème fraîche, décorez avec une ou deux feuilles d'orties ébouillantées.

CLAFOUTIS DE PRINTEMPS SUR LIT D'ORTIE

LE CLAFOUTIS

Lavez et épluchez les légumes, coupez les carottes et les navets en dés. Faites-les blanchir avec les petits pois. Hachez le fenouil, les champignons, le demi-poivron et les tomates.

Dans une grande sauteuse, faites fondre 80 g de beurre, ajoutez les oignons hachés puis le poivron, le fenouil et les champignons en dernier.

Laissez fondre quelques minutes pour ajouter les dés de légumes nouveaux et les tomates. Faites revenir le tout en laissant évaporer le jus des légumes.

Dans un grand saladier, cassez les œufs, battez-les en omelette, ajoutez les trois-quarts de la crème fraîche. Salez, poivrez, ajoutez la muscade et les légumes sautés. Mélangez le tout.

Beurrez un moule à manquer, versez le mélange légumes et œufs dedans. Faites cuire au bain-marie dans le four préchauffé (thermostat 6) pendant 40 min. Vérifiez la cuisson à la pointe d'un couteau (il doit ressortir propre).

Pour le clafoutis
100 g de carottes nouvelles
100 g de navets nouveaux
100 g de petits pois nouveaux
100 g de tomates concassées
50 g de champignons de Paris
50 g de petits oignons frais
½ bulbe de fenouil
½ poivron rouge
100 g de beurre
4 œufs

LE LIT D'ORTIE

Lavez les orties. Faites-les blanchir, laissez-les refroidir avant de les hacher finement.

Dans une casserole, faites réduire le vin blanc avec les échalotes hachées, ajoutez les orties hachées, puis la crème, mélangez et faites réduire encore un peu.

Démoulez le clafoutis encore chaud dans un plat creux, versez un peu de sauce autour et le reste dans une saucière.
Servez aussitôt.

Pour le lit d'ortie
500 g d'orties
50 g d'échalotes
10 cl de vin blanc
½ l de crème fraîche
épaisse
Muscade
Sel, poivre

Astuce : Cette sauce peut être utilisée avec des volailles, des poissons, une purée de lentilles ou des céréales.

🧍🧍🧍🧍🧍🧍(🧍🧍)

100 g d'orties
100 g de plantain
3 à 4 feuilles de laitue
3 échalotes
1 saumon entier
4 coquilles saint-jacques
½ pot d'œufs de saumon
2 œufs
2 cuillères à soupe de farine
10 cl de lait
1 bouquet de persil plat
1 grosse noix de beurre
Sel, poivre, muscade

SAUMON FARCI AUX ORTIES

Préchauffer le four thermostat 7.
Épluchez et hachez les échalotes, mettez-les dans une casserole avec le beurre fondu, faites-les blondir tout doucement, ensuite ajoutez la farine puis le lait, salez, poivrez et râpez un peu de noix de muscade. Mélangez jusqu'à obtenir une pâte homogène, comme une béchamel.
Versez le tout dans un plat creux.
Lavez les orties, le persil, le plantain. Hachez-les grossièrement et mettez-les dans un plat creux.
Cassez les œufs et séparez le blanc des jaunes.
Ajoutez les jaunes à l'appareil.
Battez les blancs en neige. Incorporez-les aux jaunes et aux herbes en même temps que les œufs de saumon, tout en soulevant la pâte afin de l'alléger. Farcissez le saumon avec cet appareil, insérez les coquilles Saint-Jacques. Enrobez le saumon avec les feuilles de laitue comme s'il s'agissait d'un film alimentaire : elles retiendront la farce à l'intérieur du poisson. Enfournez et laissez cuire 35 à 40 min.

Disposez le saumon sur un plat de service.
Déposez des petites pommes de terre cuites à la vapeur tout autour.
Servez bien chaud.

Astuce : Pour un plat plus économique, remplacez les coquilles Saint-Jacques par des crevettes décortiquées et les œufs de saumon par des œufs de truite.

BOULETTES D'ORTIES

Mettez le pain, coupé en petits morceaux, dans le lait.
Pendant ce temps, lavez et hachez les orties,
puis faites-les blanchir. Laissez refroidir.
Dans un petit saladier, cassez l'œuf et battez-le en
omelette. Salez et poivrez. Égouttez le pain, mettez-le
dans le saladier. Ajoutez les orties refroidies, salez et
poivrez. Mélangez et malaxez pour former une pâte.
Trempez vos mains dans de l'eau pour que la pâte
ne colle pas, afin de pouvoir former des boulettes
de la taille d'un petit œuf.
Chauffez l'huile dans la poêle. Plongez les boulettes,
au fur et à mesure, dans l'huile chaude. Elles ne
doivent pas se toucher. Faites cuire en les retournant
de toutes parts pour qu'elles soient bien dorées.
Posez-les dans un plat sur du papier absorbant
et gardez-les dans le four tiède pendant la cuisson
des autres boulettes.
Servez avec des poissons, des viandes ou simplement
une salade pour le dîner.

pour 16 à 20 boulettes
600 g d'orties
200 g de pain rassis
1 œuf
1 grand verre de lait
Huile de friture
Sel, poivre

PURÉE D'ORTIE

Épluchez et lavez les pommes de terre, mettez-les dans
une grande casserole, couvrez d'eau (l'eau doit juste
affleurer les pommes de terre). Laissez cuire à couvert
pendant 20 min à partir de l'ébullition.
Salez et poivrez.
Pendant ce temps, lavez et hachez les orties.
Ajoutez-les aux pommes de terre. Laisser cuire le tout
encore 5 min, vérifiez la cuisson des pommes de terre
avec la lame du couteau.
Passez au presse-purée en incorporant le beurre.

600 g d'orties
1 kg de pommes de terre
50 g de beurre
Eau
Sel, poivre

Oseille des prés

Cette petite plante très courante pousse sur les pelouses, dans les prairies et les jardins. Elle ressemble, en beaucoup plus petit, à la variété cultivée dite oseille des jardins. Son goût est bien plus subtil que celui de l'oseille cultivée. Vous pourrez la préparer de la même manière.

FAMILLE : Polygonacées *Rumex acetosella* **L.**

AUTRES NOMS COMMUNS : aigrette, surette, vinette sauvage.

▶ **La reconnaître :** Ses feuilles ont une forme en fer de lance, elles sont un peu charnues. C'est cette forme spécifique, mais aussi sa saveur acidulée, qui vous permettra de la reconnaître.

▶ **Confusion :** Avec d'autres espèces du genre *Rumex*, mais cela ne présente pas de danger, même si l'intérêt gustatif n'est pas au rendez-vous.

▶ **Où et quand la trouver ?** Dans les prés, pelouses et dans les jardins au printemps.

▶ **Cueillir :** Les feuilles, avant que la hampe florale n'apparaisse. En cas de fauchage, il est tout à fait possible d'utiliser les repousses qui seront tendres.

▶ **Comment l'utiliser :** Dans des soupes, soufflés, omelettes, sauces, avec des poissons.

▶ **Conservation :** La sauce à l'oseille des prés se congèle très bien, ce qui permet de la consommer tout au long de l'année. Les feuilles d'oseille peuvent être conservées dans des bocaux.

SOUPE À L'OSEILLE

Lavez l'oseille, ciselez les feuilles et mettez-les à blanchir, égouttez-les aussitôt la reprise de l'ébullition. Jetez l'eau utilisée pour blanchir l'oseille. Épluchez les pommes de terre, coupez-les en morceaux. Couvrez d'eau, faites cuire 20 min.
Mettez l'oseille dans une casserole avec le beurre, râpez un peu de muscade, laissez fondre en remuant. Ajoutez sur les pommes de terre, salez, poivrez, cuire 5 min. Passez au mixer et servez bien chaud avec une cuillère de crème fraîche. Si vous le souhaitez, vous pouvez servir avec des croûtons sautés au beurre.

1 grosse poignée d'oseille
500 g de pommes de terre
1 noix de beurre
Crème fraîche
Muscade
Sel, poivre

OMELETTE À L'OSEILLE

Lavez l'oseille, ciselez les feuilles, faites-les blanchir si vous êtes sensible à l'acide oxalique.
Cassez les œufs dans un récipient creux. Salez, poivrez et battez les œufs.
Dans une poêle mettez le beurre et l'huile à chauffer sans laisser prendre couleur. Ajoutez les feuilles d'oseille ciselées et faites fondre doucement. Mettez l'oseille avec les œufs battus, mélangez, puis versez dans la poêle bien chaude. Faites cuire, selon que vous aimez l'omelette baveuse ou non.

2 poignées d'oseille
9 œufs
1 cuillère à café d'huile de tournesol
1 noix de beurre
Sel, poivre

CONSEIL

L'oseille des prés, comme l'oseille cultivée, contient de l'acide oxalique. Il faudra donc la consommer avec modération et même l'éviter en cas de calculs rénaux et de rhumatismes. Pour réduire la quantité d'acide oxalique contenue dans la plante, vous pouvez la faire blanchir avant de l'introduire dans vos préparations.

Pain de coucou

À première vue, on pourrait penser qu'il s'agit d'un trèfle, pourtant son habitat et ses fleurs sont différents. Cette plante donne des petites fleurs blanches très délicates. Ses feuilles ont une saveur aigrelette proche de celle de l'oseille.

FAMILLE : Oxalidacées
Oxalis acetosella L.

AUTRES NOMS COMMUNS : alléluia, surelle, trèfle aigre, oseille à trois feuilles, oxalis vulgaire.

▶ **Le reconnaître :** Ses feuilles découpées en trois parties, comme celles du trèfle, sont pliées par leur centre se resserrant autour de la tige. Elles sont d'un vert clair, vif et pimpant. Ses fleurs ont cinq pétales blancs sur lesquels se dessinent de fines nervures rose mauve.

▶ **Confusions possibles :** Éventuellement avec des trèfles, qui ne poussent pas dans les bois, dont les fleurs sont très différentes. Le trèfle n'a pas l'acidité du pain de coucou. Avec d'autres espèces d'oxalis qui poussent dans nos jardins. Certaines, d'origine tropicale, sont toxiques.

▶ **Où et quand le trouver ?** Dans les sous-bois ombragés, de mars à mai. Il fleurit en avril.

▶ **Cueillir :** Les feuilles et les fleurs.

▶ **Comment l'utiliser :** Dans des salades, avec des œufs, des poissons, en mélange avec d'autres sauvages.

▶ **Conservation :** Les feuilles blanchies en bocaux ou congelées.

> **CONSEIL**
> À éviter en cas de rhumatismes et de calculs rénaux, il contient de l'acide oxalique.

> **BON À SAVOIR**
> Le pain de coucou s'utilise exactement comme l'oseille.

ŒUF COCOTTE AU PAIN DE COUCOU

Préchauffez le four thermostat 7.
Beurrez un ramequin individuel résistant au four.
Dans une casserole, faites fondre l'échalote, salez, poivrez. Lorsque l'échalote est fondue, ajoutez la crème et mélangez. Hors du feu, ajoutez les feuilles d'oxalis. Versez la moitié de ce mélange dans le ramequin, cassez l'œuf dessus. Couvrez avec le reste de sauce. Enfournez. Laissez cuire 6 minutes : le blanc doit être cuit et le jaune encore coulant. Décorez de feuilles et d'une fleur. Servez aussitôt avec de fines tranches de pain de campagne beurrées.

½ poignée de feuilles de pain de coucou
1 ou 2 fleurs fraîches
¼ d'échalote
1 œuf
1 cuillère à café de crème fraîche
Beurre
Sel, poivre

SALADE FRAÎCHE AU PAIN DE COUCOU

Cuisez l'œuf dur. Passez-le sous l'eau froide pour le refroidir. Égouttez les crevettes. Préparez la mayonnaise.
Déposez la salade lavée dans une assiette. Épluchez l'avocat, coupez-le en lamelles. Disposez-le pour former un cercle sur la feuille de laitue. Écalez l'œuf dur, réservez le jaune. Coupez le blanc en lamelles, intercalez avec l'avocat, faites de même avec les crevettes et les feuilles de pain de coucou. Versez la mayonnaise au centre, parsemez de jaune d'œuf écrasé à la fourchette. Décorez de fleurs.

½ poignée de feuilles et de fleurs de pain de coucou
½ avocat
1 grande poignée de feuilles de salade de votre choix
4 crevettes roses
1 œuf dur

Pour la mayonnaise :
1 jaune d'œuf
1 cuillère à café de moutarde
1 filet de jus de citron
Huile
Sel, poivre

Pâquerette

Son nom latin signifie belle et pérenne, ce qui lui convient à merveille puisque, effectivement, elle est non seulement belle, mais aussi vivace. Elle nous fait le plaisir de fleurir presque toute l'année. Ses feuilles ont une saveur un peu fruitée de noisette.

FAMILLE : Asteracées ou Composées
Bellis perennis L.

AUTRES NOMS COMMUNS : fleur de Pâques, petite marguerite, pâquerette des prés.

▶ **La reconnaître :** Elle est composée de feuilles disposées en rosette qui ont la forme de petites spatules aux bords crénelés. Les fleurs se dressent toutes droites, tendues vers le soleil, avec le cœur jaune entouré de pétales blancs ou blanc rosé. Elle mesure rarement plus de 15 cm de hauteur.

▶ **Confusions possibles :** Avec d'autres pâquerettes, également comestibles, donc sans danger.

▶ **Où et quand la trouver ?** Dans les jardins, les pelouses, les prés, les prairies. De janvier à décembre.

▶ **Cueillir :** Les feuilles, les boutons floraux et les fleurs.

▶ **Comment l'utiliser :** Les jeunes feuilles crues au printemps en salades, mélangées avec d'autres plantes sauvages comme le pissenlit, auquel elles apporteront une note fruitée. Plus tard, elles seront coriaces : vous les cuirez en légumes. Les fleurs et les boutons sont un peu amers mais tellement jolis en décoration !

▶ **Conservation :** Les boutons floraux se conservent dans du vinaigre et se mangent comme les câpres.

VERRINES DE PÂQUERETTE

Égouttez la faisselle. Cuisez les œufs durs, faites-les refroidir. Lavez vos plantes sauvages. Épluchez les carottes, coupez-les en petits bâtonnets plus longs que les verrines.
Retirez la peau et le noyau des avocats, coupez-les en dés, citronnez-les afin qu'ils ne noircissent pas.
Écalez les œufs.
Mélangez la faisselle, l'huile, le reste du jus de citron, les blancs d'œufs écrasés à la fourchette.
Salez, poivrez.
À part, écrasez les jaunes d'œufs.
Dans chaque verrine répartissez par couches successives : faisselle, pissenlit, pâquerette, avocat, faisselle, et ainsi de suite. Terminez par des feuilles de pissenlit et de pâquerette en mélange.
Saupoudrez de jaune d'œuf. Piquez les bâtonnets de carotte et les fleurs de pâquerette.
Mettez au réfrigérateur ½ heure.

👤👤👤👤

2 poignées de feuilles, fleurs et boutons de pâquerette
1 belle rosette de pissenlit
2 avocats
1 ou 2 carottes selon leur taille
2 œufs
1 citron
1 faisselle de chèvre
Huile d'olive
Sel, poivre

> **CONSEIL**
> Les feuilles doivent être lavées très soigneusement pour éviter qu'un reste de terre craque sous la dent !

BOUTONS DE PÂQUERETTE AU VINAIGRE

Faites blanchir les boutons à l'eau salée. Égouttez, rafraîchissez. Remplissez les bocaux et couvrez avec le vinaigre bouillant salé. Laissez reposer jusqu'au lendemain.
Filtrez le vinaigre dans une casserole, en égouttant les boutons. Portez à ébullition. Versez bouillant sur les boutons. Fermez les bocaux. Attendez 2 mois avant de les consommer.

Les boutons de pâquerette au vinaigre se consomment en accompagnement de viandes, de poissons, ou dans des salades.

500 g de boutons de pâquerette
Vinaigre d'alcool blanc
Sel, poivre

> **BON À SAVOIR**
> Le suc des feuilles de pâquerette est cicatrisant.

Pissenlit

Ses fleurs jaune vif se transformeront en graines s'envolant au moindre souffle pour essaimer comme des millions d'étoiles dans un ciel d'été. Au début du printemps, avant la floraison, sa saveur n'est pas très amère, mais le deviendra de plus en plus au cours de la saison.

FAMILLE : Astéracées (Composées)
Taraxacum officinale **Weber**

AUTRES NOMS COMMUNS : chopine, cochet, couronne de moine, dents-de-lion, florin d'or, laitue de chien, salade de taupe, tête-de-moineau.

Bien qu'il soit doté de beaucoup de propriétés thérapeutiques, son nom français n'indique que la plus évidente et la plus immédiate, c'est-à-dire qu'il est très diurétique ; il est aussi très utile pour stimuler le foie et tonifier l'organisme en général. C'est pourquoi on le consomme principalement en fin d'hiver afin d'en faire une cure dépurative avant la belle saison.

▶ **Le reconnaître :** Ses fleurs sont d'un beau jaune lumineux. Ses feuilles glabres, découpées comme des dents orientées vers le sol, forment des rosettes. Il peut mesurer jusqu'à 50 cm.

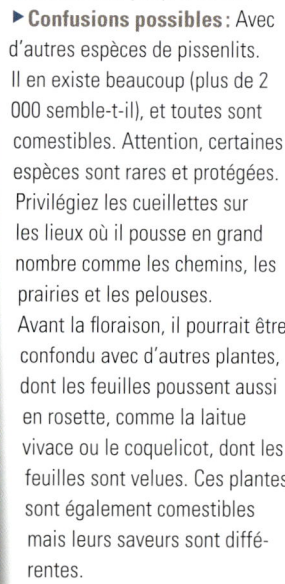

▶ **Confusions possibles :** Avec d'autres espèces de pissenlits. Il en existe beaucoup (plus de 2 000 semble-t-il), et toutes sont comestibles. Attention, certaines espèces sont rares et protégées. Privilégiez les cueillettes sur les lieux où il pousse en grand nombre comme les chemins, les prairies et les pelouses.

Avant la floraison, il pourrait être confondu avec d'autres plantes, dont les feuilles poussent aussi en rosette, comme la laitue vivace ou le coquelicot, dont les feuilles sont velues. Ces plantes sont également comestibles mais leurs saveurs sont différentes.

▶ **Où et quand le trouver ?**
Dans les prairies, les friches, les jardins, sur les chemins, entre les pavés. Presque toute l'année : les feuilles

de mars à septembre, les fleurs d'avril à mai et les racines de novembre à février.

▶ **Cueillir :** Toute la plante, de la racine en passant par les feuilles, les fleurs, et également les boutons floraux. La récolte des rosettes se fait en soulevant les feuilles et en les coupant au ras du sol avec un bon couteau.

▶ **Comment l'utiliser :** Les feuilles et les racines crues ou cuites dans des salades, en accompagnement de viandes, de poissons, ou en omelettes. Les fleurs crues dans des macérations d'eau, de vin, en sirop.

▶ **Conservation :** Feuilles et racines blanchies et congelées. Les boutons floraux se préparent comme des câpres au vinaigre.

> **CONSEIL**
> Les tiges contiennent un latex irritant, équeutez les fleurs et leurs boutons avant leur consommation.

> **BON À SAVOIR**
> Le pissenlit est très riche en vitamines et sels minéraux.

SIROP DE PISSENLIT

Plongez les fleurs de pissenlit dans une casserole d'eau. Portez à ébullition sur feu doux. Retirez du feu et laissez macérer pendant 2 jours.

Filtrez dans un linge fin en exprimant tout le suc des fleurs. Ajoutez le sucre, la cannelle. Rincez le citron et l'orange, coupez-les en rondelles, versez-les dans l'infusion.

Faites chauffer sur feu très doux sans laisser bouillir. La cuisson est terminée lorsqu'une cuillerée de sirop déposée sur une soucoupe inclinée fait ruban et prend en gelée.

Versez dans des bocaux ébouillantés, fermez. Vous consommerez ce sirop sur des tartines beurrées ou non, comme du miel.

Pour 1 litre
50 g de fleurs de pissenlit fraîches
250 g de sucre roux
1 l d'eau
½ citron non traité
½ orange non traitée
1 pincée de cannelle en poudre (facultatif)

6 belles rosettes de pissenlit
20 g d'amandes râpées
2 cuillères à soupe d'huile
de noix
Sel, poivre

500 g de racines de pissenlit
2 cuillères à café de miel liquide
1 yaourt
1 noix de gingembre frais
1 cuillère à soupe d'huile
Sel, poivre

PISSENLIT AUX AMANDES

Lavez les rosettes de pissenlit, égouttez puis mettez-les dans un saladier.
Ajoutez les amandes râpées, salez, poivrez arrosez avec l'huile de noix. Mélangez, décorez de quelques fleurs et servez.

BROCHETTES DE PISSENLIT

Dans un grand plat mélangez le yaourt, le miel, l'huile et le gingembre que vous écraserez au presse-ail. Salez, poivrez.
Grattez et lavez les racines, coupez-les en tronçons de 2 cm environ. Mettez-les dans le plat en retournant les rondelles de tous côtés pour les imprégner de sauce. Faites mariner au moins une heure.
Chauffez l'huile dans une poêle. Ajoutez les racines de pissenlit, faites revenir à feu doux jusqu'à ce qu'elles soient tendres.
Piquez-les sur des bâtonnets, décorez avec quelques fleurs.
Servez avec un riz basmati et le reste de sauce en saucière.

Astuce : Plus les racines sont grosses, plus la cuisson est longue. Dans ce cas il est nécessaire d'ajouter un peu d'eau et de couvrir la poêle pour prolonger la cuisson.

Variante : Vous pouvez réaliser cette recette en mélangeant 250 g de racines de bardane et en diminuant de moitié les racines de pissenlit.

OMELETTE DE PISSENLIT

Lavez les pissenlits, épluchez l'oignon, nettoyez les champignons. Émincez tous ces légumes. Faites-les revenir doucement dans une poêle avec l'huile.
Cassez les œufs dans un récipient creux, salez, poivrez. Battez les œufs en omelette, ajoutez les légumes revenus, mélangez.
Augmentez le feu sous la poêle. Dès qu'elle est très chaude, versez l'omelette et diminuez immédiatement le feu. Laissez cuire selon votre goût pour obtenir une omelette plus ou moins baveuse.
Servez aussitôt avec une salade.

4 rosettes de pissenlit
7 œufs
150 g de champignons de Paris
1 oignon
1 cuillère à soupe d'huile
Sel, poivre

Plantain

Il existe plusieurs espèces de plantains, mais les trois espèces citées ici sont parmi les plus courantes. Ce nom leur a été donné car la forme des feuilles de certaines espèces ressemble à la plante d'un pied. Ces trois espèces sont comestibles et ont une saveur boisée de champignon.

FAMILLE : Plantaginacées
Plantago major L., *Plantago media* L., *Plantago lanceolata* L.

AUTRES NOMS COMMUNS : herbe aux cinq coutures, herbe de saint Jean, herbe aux puces, oreilles de lièvre, bonne femme, herbe aux piqûres, pain de crapaud, queue-de-rat, œil de chien.

▶ **Le reconnaître :** Ces trois espèces présentent des nervures parallèles, les feuilles poussent en rosettes et les fleurs forment des épis denses au sommet d'une longue tige.
- Le grand plantain (*Plantago major* L.) possède de grandes et très larges feuilles rétrécies à la base en un pétiole (la queue).
- Le plantain moyen (*Plantago media* L.), lui, a des feuilles duveteuses, plus petites sans pétiole.
- Le plantain lancéolé (*Plantago lanceolata* L.), a, comme l'indique son nom, des feuilles longues et élancées.

▶ **Confusions possibles :** Aucune.

▶ **Où et quand le trouver ?** Sur les sentiers, le long des chemins et des routes, entre les pavés, aux bords des trottoirs. Très répandu dans toute l'Europe. Depuis le début du printemps jusqu'en hiver.

▶ **Cueillir :** Les feuilles.

▶ **Comment l'utiliser :** Cru en début de printemps, cuit ensuite. En mélange avec d'autres sauvages, dans des omelettes, flans, en légume.

▶ **Conservation :** Cru en pistou. Blanchi et congelé.

> **BON À SAVOIR**
> Les plantains sont riches en sels minéraux et en vitamines. Le suc des feuilles de plantain soulage les piqûres d'insectes et les petites coupures.

TOMATES FARCIES AU PLANTAIN

Lavez les feuilles de plantain et les tomates. Hachez très finement les feuilles de plantain avec un hachoir à main.
Dans un ramequin mélangez le plantain avec le fromage de brebis, l'huile d'olive, le jus de citron, salez et poivrez. Ajoutez le Tabasco. Mélangez.
Coupez le dessus des tomates, retirez les pépins et farcissez avec le mélange. Disposez sur un plat de service, décorez avec des feuilles de plantain et des olives noires. Mettez au réfrigérateur. Servez frais.

300 g de jeunes feuilles de plantain
6 tomates
Le jus d'un ½ citron
1 petit fromage blanc de brebis
2 cuillères à soupe d'huile d'olive
Sel, poivre
Olives noires (facultatif)
2 à 3 gouttes de Tabasco (facultatif)

CANAPÉS DE PLANTAIN

Faites griller les tranches de pain pendant que vous lavez le plantain, hachez-le finement jusqu'à l'obtention d'une purée.
Épluchez l'ail, écrasez-le. Ajoutez le plantain, le yaourt, l'huile d'olive, un filet de citron, le sel et le poivre.
Tartinez les tranches de pain, disposez sur le plat de service.
Décorez de feuilles de plantain, de rondelles de citron et de fleurs.

50 g de feuilles de plantain
3 tranches de pain de campagne grillées
1 yaourt de chèvre
1 cuillère à soupe d'huile d'olive
½ gousse d'ail
1 citron
Sel, poivre

Dix menus à moduler selon votre humeur

Cette rubrique vous permettra, dans un premier temps, d'établir et de préparer vos repas de plantes sauvages sans que cela soit un casse-tête.
Par la suite, avec un peu d'expérience, vous élaborerez vous-même vos menus. Vous pourrez également préparer un seul plat de plantes sauvages et l'intégrer dans un menu dit « traditionnel ».

MENU FACILE
Plat unique : Bardane sautée à l'asiatique — p. 23
Dessert : Cake au lierre terrestre — p. 69

MENU RAPIDE
Plat unique : Cake armoise et feta — p. 19
Salade : Salade de cymbalaire — p. 57
Dessert : Cookies à l'aspérule — p. 21

MENU VERDURE
Entrée : Velouté aux deux orties — p. 31
Plat principal : Ravioles de lamier sautées — p. 67
Dessert : Soufflé de berce — p. 29

MENU FLEURI
Entrée : Verrines de pâquerette — p. 83
Plat principal : Cirse et boulettes de bœuf — p. 49
Dessert : Aspic de primevère — p. 95

MENU DOUCEUR
Entrée : Berce et pamplemousse rose en verrine — p. 27
Plat principal : Poêlée de consoude — p. 52
Dessert : Bouchées douces à l'angélique — p. 16

MENU RAFFINÉ

Entrée: Fagots de jets de houblon	p. 59
Plat principal: Bouchées de lotte sauce benoîte	p. 25
Dessert: Reine-des-prés en sorbet	p. 97

MENU DE FÊTE 1

Apéritif: Apéritif à l'aspérule odorante	p. 21
Tapenade d'ortie sur canapés	p. 74
Entrée: Soufflé de ma grand-mère	p. 31
Plat principal: Cocon de fruits de mer aux herbes folles et ruban de verdure	p. 34
Dessert: Flan à la reine-des-prés	p. 97

MENU DE FÊTE 2

Apéritif: Vin de pâquerette	p. 63
Bouchées en robe d'herbes sauvages	p. 30
Entrée: Galette de consoude	p. 51
Plat principal: Pintade à l'armoise	p. 19
Dessert: Soufflé de berce et orange	p. 29

MENU DE VACANCES

Entrée: Acras de bourrache	p. 37
Plat principal: Tagine de cirse et poulet	p. 47
Dessert: Cake au lierre terrestre	p. 69

MENU GARGANTUA

Entrée: Salade de lentilles, chénopode et armoise	p. 33
Plat principal: Saumon farci aux orties	p. 76
Dessert: Gâteau de semoule à la violette	p. 109

Prêle

Cette plante existait déjà à l'Ère primaire, époque à laquelle elle pouvait mesurer plusieurs mètres de haut. Son nom lui vient de sa saveur âpre (*asper* en latin), qui est devenu *asperella* puis prêle. Lorsqu'elles sont cuites, les jeunes pousses ont une saveur très fine, proche de l'asperge.

FAMILLE : Équisetacées
***Equisetum arvense* L.**

AUTRES NOMS COMMUNS : petite prêle, prêle des bois, prêle des chamois, herbe à récurer, queue de chat ou de cheval, de rat, de renard.

▶ **La reconnaître :** La tige fertile pousse avant la tige stérile, elle a une teinte brunâtre. Chaque tige fertile porte un épi terminal de spores. Elle n'a ni feuilles ni fleurs et ne mesure guère plus de 15 ou 20 cm. La tige stérile est verte, ses feuilles sont très fines et allongées. Elles sont disposées autour de la tige au même niveau, d'étage en étage.

▶ **Confusions possibles :** Avec d'autres prêles : la prêle des marais (*E. palustre* L.) et la prêle des bourbiers (*E. limosum* L.), que l'on trouve sur des sols très humides, marécageux. Avec la prêle des bois (*E. sylvaticum* L.), dont les tiges retombent vers le sol. Ces prêles sont réputées toxiques.

▶ **Où et quand la trouver ?** Sur terrains humides et sablonneux. En mars, avril.

▶ **Cueillir :** Les toutes jeunes pousses. Ôtez les sporanges et les feuilles dentées marron pour ne conserver que la partie tubulaire.

▶ **Comment l'utiliser :** Cuites soit à la vapeur, soit à l'eau.

▶ **Conservation :** Au vinaigre après cuisson.

TIGES STÉRILES (VERTES)

TIGES FERTILES

OMELETTE AUX JEUNES POUSSES DE PRÊLE

Nettoyez les jeunes tiges de prêle. Rincez-les rapidement sous l'eau et faites-les cuire à la vapeur 8 à 10 min.
Pendant ce temps salez, poivrez et battez les œufs. Chauffez l'huile dans une poêle. Lorsqu'elle est chaude, jetez-y les pousses de prêle, faites-les revenir rapidement.
Mettez les prêles dans les œufs battus, mélangez et versez le tout dans la poêle très chaude, baissez le feu pour cuire. Lorsque la cuisson est à votre goût, baveuse ou non, servez l'omelette, saupoudrée d'un peu de persil haché.

👤👤👤👤👤👤
500 g de jeunes pousses fertiles de prêle
9 œufs
1 cuillère à café d'huile
Sel, poivre

PRÊLE À LA COQUE

Dans un bol, faites fondre le beurre au bain-marie (il doit devenir liquide sans cuire).
Nettoyez les tiges comme indiqué ci-dessus, lavez-les. Plongez-les dans l'eau bouillante salée. Faites-les cuire 6 min.
Pendant ce temps, cuisez l'œuf à la coque (3 min). Disposez les pousses de prêle sur un plat de service, servez ensemble l'œuf coque et le beurre.
On mange les pousses en les trempant dans le beurre, puis dans le jaune de l'œuf coque.
Vous pouvez ajouter quelques toasts de fines tranches de pain complet grillées.

150 g de jeunes pousses fertiles de prêle
1 œuf
25 g de beurre

Astuce : Pour faire un plat complet, ajoutez un œuf et servez avec une salade.

> **BON À SAVOIR**
> La prêle contient de la silice, c'est un bon reminéralisant.

Primevère officinale

Jolie petite plante à fleurs jaune d'or, c'est l'une des premières à fleurir en mars. Elle est bien différente d'aspect de la primevère cultivée dans les jardins, qui porte des fleurs de toutes les couleurs, sans tiges apparentes. Les jeunes feuilles, avant la floraison, ont une saveur douce.

FAMILLE : Primulacées
Primula veris L.

AUTRES NOMS COMMUNS : clé de saint Pierre, coqueluchon, coucou, herbe de la paralysie, herbe de saint Paul, oreille d'ours.

▶ **La reconnaître :** Les fleurs de la primevère officinale sont d'un beau jaune d'or avec une petite tache orangée à l'intérieur de chaque pétale. Elles ont une forme allongée comme gainée dans un fourreau vert puis les pétales jaunes s'ouvrent retombant vers le sol. Elles sont disposées en ombelles au sommet d'une tige très droite à la base de laquelle les feuilles, ovales et un peu poilues sur le dessous, forment une rosette.

▶ **Confusions possibles :** Avec d'autres primevères dont la primevère élevée (*Primula elatior* (L.) Hill), qui est jaune pâle, presque soufre. Primevère officinale et primevère élevée poussent sur les mêmes lieux. Leurs propriétés sont similaires.

▶ **Où et quand la trouver ?** Le long des chemins, lisière de champ, prairies et bois humides. De février à novembre.

▶ **Cueillir :** Les feuilles et les fleurs.

▶ **Comment l'utiliser :** Avant la floraison, les feuilles crues en salade, puis dans des soupes. Les fleurs en sirop, bonbons, décoration de plats.

▶ **Conservation :** Les fleurs se conservent dans le sucre, en confitures et gelées, en sirop ou cristallisées.

> **BON À SAVOIR**
> Le thé de fleurs de primevère, d'une belle couleur dorée, est excellent contre l'inflammation des voies respiratoires.

> **CONSEIL**
> Privilégiez la primevère officinale, un peu plus tardive que la primevère élevée, mais plus savoureuse.

ASPIC DE PRIMEVÈRE

Porter l'eau à ébullition. Dès qu'elle bout, arrêtez le feu, laissez reposer 2 min puis jetez-y les primevères, remuez et couvrez. Laissez infuser 1 h dans un endroit chaud.
Filtrez en exprimant le suc de la plante. Ajoutez le sucre, chauffez en remuant pour le dissoudre et épaissir, incorporez l'agar-agar, mélangez. Répartissez dans des moules individuels, insérez quelques fleurs, rafraîchir en mettant les moules dans l'eau froide. Gardez au réfrigérateur 12 h. Démoulez sur des assiettes individuelles décorées de rondelles de kiwis, de fleurs et de feuilles de primevère.

250 g de feuilles de primevères
+ 1 poignée de fleurs
3 kiwis
500 g de sucre
4 g d'agar-agar
1,2 l d'eau

SIROP DE PRIMEVÈRE

Lavez les primevères, mettez-les dans une terrine. Faites bouillir ½ litre d'eau, versez sur les fleurs qui doivent rester immergées. Couvrez et maintenez à la porte du four ou au bain-marie pendant 2 h. Filtrez dans un linge fin pour exprimer tout le suc de la plante.
Versez le sucre dans une casserole avec ½ litre d'eau. Portez à ébullition en tournant, jusqu'à obtention d'un sirop épais.
Ajoutez l'infusion de primevère, mélangez vivement. Mettez en bouteille, bouchez.

300 g de primevères :
fleurs et feuilles
1 litre d'eau
1,5 kg de sucre

Reine-des-prés

Majestueuse, la reine-des-prés élance ses plumeaux de minuscules fleurs au sommet de hautes tiges. La caresse du vent d'été répand son parfum dans tous les environs. Son odeur est suave, indéfinissable. Elle pousse souvent en grandes colonies au bord de l'eau.

FAMILLE : Rosacées
Filipendula ulmaria (L.) Maxim.

AUTRES NOMS COMMUNS : barbe de chèvre, belle des prés, fleur aux abeilles, grande potentille, herbe du pauvre homme, ormière, pied de bouc, spirée ulmaire, vignette.

▶ **La reconnaître :** Elle peut mesurer entre 50 cm et 1,50 m. Les fleurs blanc crème sont très petites, groupées en grappes aériennes au sommet de tiges souvent rougeâtres. Les feuilles présentent des découpures de tailles très variables avec des nervures très marquées, leur dessous est vert argenté, duveteux. Son parfum très particulier est reconnaissable entre tous.

▶ **Confusions possibles :** Impossible de vous tromper si vous êtes sur un lieu humide et ensoleillé à la fois.

▶ **Où et quand la trouver ?** Sur des sols humides, le long des cours d'eau. De mi-mai à juillet.

▶ **Cueillir :** Les feuilles et les sommités fleuries. Lors de la cueillette des sommités, ne laissez pas les tiges creuses où l'eau de pluie s'accumulera jusqu'à la racine, qui pourrira.

▶ **Comment l'utiliser :** Dans des vins, en infusions, macérations, desserts.

▶ **Conservation :** Uniquement séchée.

> **CONSEIL**
> C'est à partir de ses feuilles séchées que le principe actif de l'aspirine a pu être isolé. Son nom « spirée » fut alors utilisé pour former le mot aspirine. Les personnes allergiques à l'aspirine éviteront de la consommer.

FLAN À LA REINE-DES-PRÉS

Préchauffer le four, thermostat 6.
Faites chauffer le lait. Dès le début de l'ébullition, arrêtez le feu. Plongez et faites infuser la reine-des-prés 15 min. Filtrez.
Dans un grand récipient, battez les œufs et le sucre. Réchauffez le lait.
Dès que le lait est à nouveau chaud, mais non bouillant, versez-le sur les œufs en remuant vivement au fouet pour que les œufs ne cuisent pas.
Versez ce mélange dans de petits ramequins individuels, déposez-les dans un grand plat rempli d'eau chaude.
Enfournez. Faites cuire 35 min. Vérifiez la cuisson à la pointe du couteau.
Sortez du four et laissez refroidir.

1 cuillère à soupe de sommités de reine-des-prés
1 litre de lait
7 œufs
150 g de sucre brun

REINE-DES-PRÉS EN SORBET

La veille, préparez une infusion corsée de reine-des-prés, tenez-la au chaud 24 h.
Filtrez et faites fondre le sucre dans l'infusion sur feu doux.
Portez à ébullition, cuisez jusqu'à ce qu'une goutte de sirop plongée dans l'eau glacée puisse être roulée en une boule malléable. Ôtez du feu et posez la casserole dans l'eau froide pour stopper la cuisson du sucre.
Fouettez les blancs en neige avec le sel. Lorsqu'ils sont fermes, versez le sirop de reine-des-prés en un mince filet sur la paroi du saladier. Fouettez sans cesse.
Les blancs, en raffermissant, prennent une couleur satinée.
Fouettez jusqu'à ce que la meringue soit froide.
Versez dans la sorbetière pendant une demi-heure (ajustez la durée selon votre sorbetière).

60 cl d'infusion de reine-des-prés
4 blancs d'œufs
250 g de sucre
1 pincée de sel

Salsifis des prés

Voici des soleils dans le pré ! Avec ses fleurs jaunes dressées au sommet d'une tige droite, le salsifis des prés ne passe pas inaperçu. Ses fleurs attirent les abeilles qui aiment les butiner. La saveur du salsifis des prés est douce, très légèrement sucrée.

FAMILLE : **Astéracées ou Composées**
Tragopogon pratensis L.

AUTRES NOMS COMMUNS : **barbe-de-bouc, barbouzet, salsifis sauvage, salsifis bâtard.**

▶ **Le reconnaître :** À ses fleurs jaune d'or ressemblant à des fleurs de pissenlit sur une tige plus haute, jusqu'à 80 cm. Ses fleurs sont soulignées de petites feuilles vertes (les bractées) formant une élégante coupe (l'involucre). Ses feuilles étroites aux bords frisés poussent comme les feuilles des poireaux, c'est-à-dire en s'enrobant l'une l'autre. Les feuilles contiennent un latex qui suinte lorsqu'on les coupe.

▶ **Confusions possibles :** Avec d'autres salsifis sauvages, ce qui est sans conséquence puisqu'on peut les utiliser pareillement.

▶ **Où et quand le trouver ?** Il est commun dans les prés et prairies, le long des chemins ensoleillés. De mars à juin.

▶ **Cueillir :** Les feuilles, les racines et les boutons floraux.

▶ **Comment l'utiliser :** Les jeunes feuilles crues en salade. Plus tard, elles seront cuites comme des légumes verts. Les racines en gratins ou sautées (passez-les à l'eau bouillante pour pouvoir retirer leur peau facilement). Les fleurs en décoration, avant que ne se forment les graines.

▶ **Conservation :** Les feuilles et les racines blanchies et congelées. Les racines en bocal et les boutons au vinaigre.

SALSIFIS EN ASPERGE

Lavez soigneusement votre cueillette, disposez les pousses dans le panier du cuit-vapeur après y avoir versé 3 verres d'eau salée. Couvrez. Amenez à ébullition. Dès le début de l'ébullition, diminuez le feu et laissez cuire pendant 8 min.
Servez aussitôt avec la sauce mousseline et quelques fleurs pour décorer.

600 g de jeunes pousses, en boutons, de salsifis des prés
Sauce mousseline

LÉGUMES SAUTÉS

Lavez et épluchez tous les légumes, coupez les carottes et les navets en cubes, les oignons en lamelles. Faites revenir le tout à l'huile dans une sauteuse, couvrez et laissez fondre à feu très doux. Lorsque les légumes sont presque cuits, ajoutez les feuilles de salsifis coupées en morceaux, salez, poivrez, mélangez. Couvrez. Laissez cuire encore 10 min. Versez sur un plat de service, décorez de quelques fleurs. Servez aussitôt.

Astuce : Servez ces légumes avec une viande blanche ou un poisson, ou avec des céréales pour les végétariens.

300 g de feuilles de salsifis
2 carottes
2 navets
2 oignons
1 cuillère à soupe d'huile de tournesol
Sel, poivre

> **BON À SAVOIR**
> Dans le Sud de la France, on trouve un salsifis à fleurs roses (*Tragopogon porrifolius* L.), qui peut être cuisiné de la même manière.

> **ATTENTION**
> Les graines ne sont pas comestibles.

Stellaire, mouron des oiseaux

Mauvaise herbe, cauchemar des jardiniers, la stellaire porte de jolies petites fleurs blanches en étoile. Elle aime les terres souvent remuées et le potager est l'un de ses terrains de prédilection ! Les oiseaux aiment venir picorer ses graines, c'est pourquoi on la surnomme mouron des oiseaux. Elle a une douce saveur de noisette verte.

FAMILLE : Caryophyllacées
Stellaria media **(L.) Vill.**

AUTRES NOMS COMMUNS : mouron blanc, mouron des oiseaux, mouron étoilé.

▶ **La reconnaître :** Elle a de petites fleurs blanches à cinq pétales fendus, des feuilles ovales, portées par une tige sur laquelle des poils blancs dessinent une fine ligne unique.

▶ **Confusions possibles :** Avec le mouron rouge (*Anagallis arvensis* L.), dont les tiges sont totalement glabres, et qui, à haute dose, est toxique.

▶ **Où et quand la trouver ?** Les jardins, les champs, au pied des murs, dans les lieux humides et ombragés. De mars à novembre.

▶ **Cueillir :** Les feuilles.

▶ **Comment l'utiliser :** Les feuilles, crues dans des salades, et cuites, dans des potages. Pensez à retirer les tiges filandreuses. Elle remplacera avantageusement la salade cuite. En épinards. Dans des omelettes.

▶ **Conservation :** Environ une semaine au réfrigérateur après l'avoir lavée et enveloppée dans un torchon propre.

> **BON À SAVOIR**
> La stellaire est riche en vitamines et en sels minéraux.

STELLAIRE EN JARDINIÈRE

Épluchez l'oignon et les carottes. Lavez la stellaire.
Émincez l'oignon, faites-le revenir dans un faitout.
Ajoutez les carottes coupées en rondelles, les petits pois, puis la stellaire, le thym et le laurier.
Versez de l'eau, elle doit à peine affleurer les légumes.
Salez, poivrez, couvrez. Laissez cuire 15 min à feu doux à partir de l'ébullition.
Servez bien chaud avec une viande ou un poisson.

3 belles poignées de stellaire
400 g de petits pois frais écossés
2 carottes
1 oignon
1 noisette de beurre
Thym
Laurier
Sel, poivre

OMELETTE À LA STELLAIRE

Lavez la stellaire sans oublier de retirer les tiges.
Battez les œufs avec du sel et du poivre. Ajoutez les feuilles de stellaire.
Faites chauffer l'huile dans une poêle. Dès qu'elle est chaude, versez d'un coup le mélange d'œufs et faites cuire selon votre goût.
Servez avec une salade de stellaire, assaisonnée de vinaigre de cidre et d'un filet d'huile de noix mélangée à de l'huile de tournesol.

1 poignée de stellaire
2 œufs
Huile de tournesol
Sel, poivre

Sureau noir

Le sureau noir n'est pas une « mauvaise herbe », c'est un arbre de sorcière, l'arbre de Judas. Il a pourtant rendu beaucoup de services. Sans doute est-il trop commun pour qu'on se soucie de lui aujourd'hui. Sa saveur est douce, sucrée.

FAMILLE : Caprifoliacées
Sambucus nigra **L.**

AUTRES NOMS COMMUNS : arbre de Judas, grand sureau, hautbois, sambequier, sambuc.

▶ **Le reconnaître :** Le sureau noir est un arbuste d'environ 3 à 10 m de haut. Ses grappes de fleurs de couleur blanc crème retombent vers le sol ainsi que ses baies. Ses tiges sont ligneuses et ses branches creuses.

▶ **Confusions possibles :** Avec d'autres espèces de sureaux, comme le sureau yèble (*Sambucus ebulus* L.), dont les baies ne sont pas comestibles et extrêmement purgatives. Les fleurs du sureau yèble pointent vers le ciel et ses tiges restent vertes.

▶ **Où et quand le trouver ?** Le sureau noir pousse le long des haies, dans les jardins. Il affectionne les lieux humides, les sols riches. Les jardiniers l'éliminent souvent car il est envahissant.

▶ **Cueillir :** Les grappes de fleurs blanches se récoltent en mai et juin, les baies noires bien mûres en fin d'été.

▶ **Comment l'utiliser :** Les fleurs, les baies mûres en sirop, confitures, boisons pétillantes, gâteaux, beignets, décoration de plats.

▶ **Conservation :** Sirop, vin, boissons diverses.

VIN PÉTILLANT AUX FLEURS DE SUREAU
D'après C. Boisvert

Mélangez le vinaigre, l'eau et le sucre dans une jarre en grès.

Disposez les fleurs au centre d'un petit morceau de tissu fin, rabattez les bords sur les fleurs, fermez en attachant le tissu avec du fil de cuisine, mettez ce petit sachet dans le liquide, il doit être immergé. Couvrez, laissez macérer une semaine.

Retirez le sachet. Versez dans des bouteilles en verre munies de fermeture métallique (bouteille de limonade par exemple).

Laissez reposer dans un local frais et sombre pendant 2 semaines avant de consommer frais.

100 g de fleurs séchées de sureau noir
40 cl de vinaigre
1,5 kg de sucre
½ l d'eau

SIROP DE BAIES DE SUREAU

Rincez les baies de sureau, équeutez-les et mettez-les dans une casserole sur le feu pour qu'elles rendent leur jus.

Passez-les baies au tamis fin pour en exprimer tout le jus. Versez ce jus dans la casserole avec le sucre et un petit verre d'eau. Faites réduire sur le feu en remuant constamment. Lorsque vous avez la consistance désirée, ajoutez un filet de citron et versez dans des bouteilles, fermez. Laisser reposer 2 semaines avant de consommer.

Ce sirop se boit soit en « kir » avec du vin blanc ou du cidre, soit simplement dans de l'eau, qu'il parfume agréablement.

1 kg de baies de sureau noir
500 g de sucre brun
1 petit verre d'eau
1 filet de jus de citron

> **CONSEIL**
> Cueillez les baies parfaitement mûres lorsqu'elles sont violettes, presque noires : avant elles risqueraient de vous rendre malade (elles sont alors très laxatives).

Trèfle des prés et trèfle rampant

Auparavant, il appartenait à la famille des Papilionacées, nommée ainsi parce que certaines fleurs font penser à des papillons ; maintenant, les botanistes l'ont classé dans la famille des Fabacées, du latin *faba* (fève). Ses feuilles, bien que nourrissantes, n'ont que peu de saveur. Par contre, les pétales sont chargés à leur base d'un nectar très suave.

FAMILLE : Fabacées ou Papilionnacées
Trifolium pratense L.
Trifolium repens L.

▶ **Le reconnaître :** Il mesure rarement plus de 40 cm. Les feuilles sont découpées en trois parties arrondies, celles du trèfle des prés sont marquées d'une auréole plus claire. Les fleurs sont constituées de cinq petits pétales rose pourpre pour le trèfle des prés et blancs pour le trèfle rampant.

▶ **Confusions possibles :** Aucune.

▶ **Où et quand le trouver ?**
Dans les prairies grasses et humides, le long des chemins, pelouses. De mai à septembre.

▶ **Cueillir :** Les feuilles et les fleurs.

▶ **Comment les utiliser :** Dans des salades, en légumes crus ou cuits, en confiture, vin, boissons et miel.

▶ **Conservation :** Confitures, vins.

> **CONSEIL**
> Le trèfle blanc attire beaucoup les abeilles, évitez de marcher pieds nus lorsqu'il est en fleurs !

> **BON À SAVOIR**
> Le trèfle contient des protéines.

BOISSON AUX FLEURS DE TRÈFLE

Rincez rapidement les fleurs, retirez les pédoncules et mettez-les dans une petite poche en tissu que vous mettrez dans la casserole avec l'eau. Portez à ébullition. Dès les premiers bouillons, réduisez le feu au minimum, couvrez et laissez cuire à feu doux ¼ d'heure.
Hors du feu, ajoutez le miel, mélangez.
Faites refroidir. Retirez la poche en tissu, exprimez tout le suc qu'elle contient.
Versez dans un pichet. Servez frais.

250 g de fleurs de trèfle
1 l d'eau
Miel selon votre goût

RIZ AU TRÈFLE

Passez le riz sous l'eau froide, versez-le dans une casserole avec deux fois son volume d'eau. Portez à ébullition. Dès que des bulles apparaissent à la surface, diminuez le feu et laissez cuire jusqu'à absorption complète de l'eau. Sortez du feu. Ajoutez les feuilles de trèfle, le beurre, salez et poivrez, mélangez. Couvrez. Laissez reposer 5 min. Remplissez quatre ramequins beurrés. Tassez le riz et démoulez dans chaque assiette, décorez de fleurs et de feuilles.

250 g de fleurs et feuilles de trèfle
250 g de riz cassé deux fois (boutique orientale)
1 noix de beurre
Sel, poivre

Tussilage

Quelle plante étrange ! Ses fleurs (et seulement elles), d'un beau jaune d'or, illuminent les journées grises de février-mars et ce n'est que lorsqu'elles disparaissent que les feuilles éclosent. Depuis l'Antiquité, cette plante s'utilisait pour lutter contre la toux et l'asthme, comme l'indique son nom latin *tussis*, toux.

FAMILLE : Asteracées
Tussilago farfara L.

AUTRES NOMS COMMUNS :
chasse-toux, herbe aux pattes, herbe de saint Quirien, pas d'âne, racine de peste.

▶ **Le reconnaître :** Les fleurs pourraient passer pour des fleurs de pissenlit. Elles ne mesurent pas plus de 20 cm de hauteur, leur tige est couverte de petites feuilles en forme d'écailles. Les feuilles sont grandes, charnues, de forme polygonale, ou en forme du sabot d'un âne. Le dessous est couvert d'un duvet blanchâtre presque cotonneux, le dessus est vert grisâtre.

▶ **Confusions possibles :** Après la floraison, avec la pétasite (*Petasites hybridus* (L.) G. Gaertn., B. Mey. & Scherb.) qui peut être utilisée de la même façon.

▶ **Où et quand le trouver ?** Sur terrain argileux humide, au bord des chemins. Les fleurs dès la fin février jusqu'en mars. Les feuilles d'avril à fin mai.

▶ **Cueillir :** Fleurs et jeunes feuilles.

▶ **Comment l'utiliser :** Les fleurs dans des salades, sautées, ou en omelettes. Les très jeunes feuilles crues en salades, puis cuites en légume.

▶ **Conservation :** Les fleurs séchées, mais leur séchage est délicat.

TUSSILAGE FARCI

Faites gonfler les raisins de Corinthe dans de l'eau tiède.
Dans un faitout, portez à ébullition 1,5 l d'eau avec le vinaigre.
Plongez les feuilles de tussilage préalablement lavées dans l'eau vinaigrée. Laissez-les cuire 3 min. Rafraîchissez, égouttez et séchez à plat sur un torchon.
Épluchez les oignons, l'ail, hachez-les. Faites-les sauter dans une cuillère à soupe d'huile d'olive. Lavez la menthe et le fenouil, hachez-les. Ajoutez-les aux oignons avec les raisins, la moitié du jus de citron et le quinoa. Faites revenir rapidement sur feu vif. Couvrez d'eau. Laissez cuire 8 min.
Coupez les queues des feuilles de tussilage et mettez-les bien à plat sur le plan de travail.
Déposez une cuillère à soupe de farce du côté de la queue, puis repliez les feuilles pour former un rouleau. Piquez d'un bâtonnet pour maintenir fermé. Disposez les rouleaux dans un plat huilé. Arrosez avec le reste de jus de citron, les graines de coriandre broyées, le laurier émietté. Salez, poivrez. Couvrez d'eau, enfournez pendant une heure (thermostat 6). Laissez refroidir, servez frais.

36 feuilles de tussilage (de taille moyenne)
6 oignons frais
6 branches de fenouil frais
1 gousse d'ail
1 citron
6 feuilles de menthe fraîche
150 g de quinoa
50 g de raisins de Corinthe
15 cl de vinaigre
12 graines de coriandre
1 feuille de laurier
Huile d'olive
Sel, poivre

> **CONSEIL**
> Les feuilles sont un peu caoutchouteuses, il faudra les cueillir très jeunes pour les consommer crues.

Violette

Elle symbolise la modestie et l'humilité. Pour les Grecs, elle était liée à la virginité. Les Romains, eux, l'avaient dédiée à Vénus, déesse de l'Amour. Elle est très utilisée en parfumerie, mais aussi en cuisine.

FAMILLE : Violaceae
Viola odorata L.

AUTRES NOMS COMMUNS : fleur de carême, fleur de mars, violette des haies, violier commun.

▶ **La reconnaître :** Ses feuilles ont la forme de cœurs, de couleur vert foncé, crénelées. Une longue et fine tige porte une fleur unique aux pétales irréguliers, dont la couleur varie du blanc au violet foncé. Elle est très parfumée, vous l'identifierez sans hésiter à son inimitable parfum !

▶ **Confusions possibles :** Avec des violettes inodores mais tout aussi comestibles.

▶ **Où et quand la trouver ?** Elle forme des tapis dans les bois, sur les talus ombragés et humides de fin février à avril-mai selon le climat.

▶ **Cueillir :** Les fleurs et les feuilles.

▶ **Comment l'utiliser :** Pour parfumer sucreries, sirops, vins et liqueurs. Dans des salades variées.

▶ **Conservation :** Voir la recette des violettes cristallisées page 60.

> **BON À SAVOIR**
> Elle contient de la vitamine C et de l'acide salicylique (à l'origine de l'aspirine).
> Le sirop de violette s'utilise pour lutter contre la toux, mais attention il est légèrement laxatif.

SIROP DE VIOLETTE

Lavez les violettes rapidement, débarrassez-les de leur pédoncule, mettez-les dans une terrine.
Versez ¼ de litre d'eau bouillante sur les fleurs pour qu'elles restent immergées.
Gardez au coin du four pendant une demi-journée ou au bain-marie.
Versez l'infusion dans une casserole, chauffez très doucement jusqu'à frémissement. Filtrez dans un linge fin en exprimant le suc des fleurs.
Ajoutez le miel, diluez sur le feu en remuant.
Couvrez, laissez refroidir. Versez dans des bocaux. Conservez au réfrigérateur.

1 tasse de fleurs de violettes
½ litre d'eau
1 tasse de miel

GÂTEAU DE SEMOULE AUX FLEURS DE VIOLETTE

La veille, chauffez doucement le lait avec les fleurs de violettes lavées et équeutées. Laissez infuser jusqu'au lendemain.
Filtrez et réchauffez le lait. À ébullition, versez la semoule
en pluie. Cuisez à feu doux 8 min en remuant.
Retirez du feu pour incorporer sucre, jaunes d'œufs et beurre, mélangez. Laissez refroidir.
Battez les blancs d'œufs en neige, incorporez-les délicatement à la préparation.
Verser dans un moule à charlotte beurré. Terminez la cuisson au bain-marie, dans le four thermostat 6/7 pendant 45 min. L'eau du bain-marie doit bouillir très doucement.
Sortez du four, attendez qu'il soit froid pour démouler, mettez au réfrigérateur. Décorez de violettes fraîches.

Une poignée de fleurs de violette
¼ l de lait
6 œufs
150 g de semoule
150 g de sucre
100 g de beurre

Astuce : Servez avec une crème anglaise parfumée à la violette.

Préparation et conservation

Le lavage des plantes
- Il est bon de laisser tremper les plantes et légumes plusieurs minutes (10 environ) dans l'eau vinaigrée, particulièrement les plantes qui seront consommées crues. Ceci est valable autant pour les plantes sauvages que pour les plantes potagères, aucune n'étant à l'abri de déjections canines, félines ou autres qui peuvent apporter des maladies.
- Après ce trempage dans l'eau vinaigrée, rincez toujours les plantes dans plusieurs eaux, les insectes seront emportés par ces eaux de rinçage ainsi que le goût du vinaigre.
- Les plantes seront égouttées sans être ni pressées ni écrasées, tout particulièrement si vous souhaitez les conserver quelques jours pour une utilisation ultérieure.
- Concernant les autres légumes et fruits qui seront consommés sans être épluchés, brossez-les (dans la mesure du possible) et rincez-les.

La conservation des plantes
Si vous souhaitez conserver les plantes cueillies plusieurs jours, quelques précautions sont indispensables :
Lavez soigneusement vos cueillettes dès votre arrivée à la maison (voir ci-dessus).
Égouttez-les sans les comprimer ni les écraser.
Mettez-les dans un torchon propre dont vous replierez les quatre coins pour fermer, sans compresser ni tasser.
Rangez dans le bac à légumes du réfrigérateur.
Vous pourrez ainsi les utiliser pendant 3 à 7 jours selon les plantes.

La congélation
Pour conserver vos cueillettes de quelques jours à quelques mois.
Il est tout à fait possible de congeler les plantes cueillies, prenez soin de les blanchir auparavant.
Vous pourrez aussi congeler des plats cuisinés en trop grandes quantités.

Les conserves en bocal

Oseille, cirse, berce, et toutes les plantes vertes :
Faites fondre dans une casserole avec quelques verres d'eau et une petite poignée de gros sel, égouttez et mettez dans les bocaux. Fermez bien les bocaux et mettez-les dans l'autocuiseur, recouvrez d'eau pour les stérilisez pendant 2 heures.

Les conserves au vinaigre

Boutons floraux :
Rincez-les rapidement. Séchez sans les écraser et mettez-les dans des bocaux de verre. Couvrez avec le vinaigre blanc, fermez et laissez reposer deux mois avant de consommer. Cette préparation se garde un an.

Racines, côtes de berce, et autres :
Nettoyez et faites blanchir vos plantes ou racines. Séchez-les soigneusement sans les écraser. Mettez-les dans des bocaux de verre. Versez le vinaigre bouillant dessus, laissez reposer 24 heures. Filtrez et faites bouillir le vinaigre auquel vous ajouterez $1/10^e$ d'eau. Versez sur les plantes, fermez hermétiquement et laissez macérer pendant 2 mois avant de consommer. Se conserve un an environ.

Privilégiez l'utilisation de petits bocaux afin de pouvoir les consommer rapidement après ouverture.

LEXIQUE DES TERMES CULINAIRES

Appareil : Assemblage d'ingrédients entrant dans la composition d'un mets. Composition d'une pâte toute prête.

Bain-marie : Cuisson qui consiste à cuire des aliments disposés dans un plat en plongeant celui-ci dans de l'eau bouillante, en veillant à ce que l'eau ne se mêle pas aux ingrédients.

Blanchir : Plonger quelques minutes dans de l'eau bouillante des plantes ou des légumes, sans les laisser cuire, dans le but de les débarrasser de substances potentiellement nuisibles.

Ciseler : Couper aux ciseaux en fines lanières ou menus morceaux.

Concasser : Piler, casser pour obtenir des petits morceaux (sucre, glace, etc.).

Déglacer : Ajouter une cuillerée d'eau ou de bouillon afin de diluer les sucs restés attachés au fond de la casserole ou de la poêle.

Dresser : Disposer les aliments sur un plat pour le présenter sur la table.

Écaler : Ôter la coquille d'un œuf dur.

Écumer : Retirer l'écume avec une écumoire.

Émincer : Couper en fines tranches.

Exprimer : Presser des fruits, des feuilles ou légumes dans un linge pour en faire sortir tous les liquides qu'ils contiennent.

Foncer : Garnir ou tapisser le fond d'un plat d'une abaisse de pâte ou avec des tranches de lard, ou des oignons émincés.

Fondre : Faire cuire doucement sans que l'ingrédient prenne couleur. Faire fondre des oignons signifie qu'ils vont cuire doucement, sans jaunir, ni roussir, tout en perdant du volume.

Frémissement : Étape qui précède l'ébullition pour les liquides (le liquide commence à bouger très légèrement).

Liée : Se dit d'une sauce dont la consistance est onctueuse.

Monder : Retirer la pellicule de protection de certains fruits secs (petite peau marron des amandes ou des noix, par exemple).

Mouiller : Ajouter un liquide chaud pour allonger une préparation.

Faire partir : Commencer la cuisson ou mettre sur feu vif.

Pocher : Plonger dans un liquide bouillant un aliment, et le laisser cuire sans bouillir le temps indiqué.

Rafraîchir : Refroidir un aliment cuit, généralement en le passant sous l'eau froide.

Réserver : Mettre de côté pour une utilisation ultérieure dans la préparation du plat.

Rissoler : Faire prendre une couleur dorée dans une matière grasse.

BIBLIOGRAPHIE

Biggs M., McVicar J. & Flowerdew B. *The complete book of vegetables herbs & fruit*. Édition Kyle Cathie Limited, 2006 : 640 pp.

Boisvert C. *La cuisine des plantes sauvages*. Dargaud, 1987 : 302 pp.

Bonnier Gaston. *Plantes médicinales plantes mellifères plantes utiles et nuisibles*. Éditions Belin, 1987.

Bonnier Gaston et De Layens Georges. *Flore complète portative de la France de la Suisse et de la Belgique*. Éditions Belin, 1986 : 426 pp.

Boullard B. *Dictionnaire de botanique*. Éditions Ellipses, 1988, Paris : 398 pp.

Bruneton J. *Plantes toxiques, végétaux dangereux*. Éditions Tec. & Doc. Lavoisier, 2001 : 580 pp.

Coste H. *Flore descriptive et illustrés de la France de la Corse et des contrées limitrophes*, 3 vol. Édition Librairie scientifique et technique Albert Blanchard, Paris 1998, : Vol. 1, 416 pp. Vol. 2, 627 pp., Vol. 3, 807 pp.

Couplan F. *Dégustez les plantes sauvages*. Éditions Sang de la Terre, Paris, 2007 : 272 pp. www.couplan.com

Couplan F. *Guide nutritionnel des plantes sauvages et cultivées*. Éditions Delachaux et Niestlé, 1998 : 256 pp.

Couplan F. et Styner E. *Guide des plantes sauvages comestibles et toxiques*. Éditions Delachaux et Niestlé, 1998 : 416 pp.

De Gubernatis A. *La Mythologie des plantes ou les légendes du règne végétal*. (2 vol. Reproduction de l'édition de Paris 1878). Éditions Arché Milano, 1976 : Vol. 1, 295 pp. Vol. 2, 376 pp.

Dr Schauer T. et Casperi C. *Guide Delachaux des plantes par la couleur*. Éditions Delachaux et Niestlé, 2007 : 495 pp.

Fabiani G. *Bonnes à croquer*. Éditions Equinoxes, 2008 : 96 pp.

Henschel D. *Baies et plantes sauvages comestibles*. Éditions Vigot, 2005 : 254 pp.

Lieutaghi P. *Le livre des bonnes herbes*. Éditions Actes Sud, 1996 : 517 pp.

Mulot M. *Secrets d'une herboriste*. Éditions du Dauphin, 2007 : 589 pp.

Palaisseul J. *Nos grand-mères savaient…* Éditions Robert Laffont, 1972 : 424 pp.

Paume M.C. *Sauvages et comestibles : Herbes, fleurs et petites salades*. Edisud, 2009 : 239 pp.

Paume M.C. *Sauvages et toxiques Plantes des bois, des prés et des jardins*. Edisud, 2009 : 256 pp.

Reboul J.B. *La cuisinière provençale*. P. Tacussel Éditeur, 1989 : 479 pp.

Thévenin T. *Les plantes sauvages Connaître, cueillir et utiliser*. Éditions Lucien Souny, 2008 : 331 pp.

CALENDRIER DES PÉRIODES DE CUEILLETTE

	JANV.	FÉV.	MARS	AVRIL	MAI	JUIN
Ail des ours				🌿	🌿	🌿
Alliaire			🌿✿	🌿✿	🌿✿	🌿✿
Angélique						🌿🌱
Armoise					🌿	🌿
Aspérule odorante					✿	🌿
Bardane						
Benoîte	🌱	🌱	🌿	🌿	🌿	
Berce	🌱	🌱	🌱	🌿	🌿	🌿
Bourrache				🌿	🌿	🌿✿
Bourse à pasteur			🌿	🌿		
Cardamine			🌿	🌿✿	🌿✿	
Chénopode blanc					🌿✿	🌿
Cirse maraîcher				🌱	🌿	🌿
Consoude					🌿	🌿
Coquelicot				🌿		✿
Cymbalaire					🌿✿	🌿✿
Houblon					●	●
Lamier				🌿✿	🌿✿	✿
Lierre terrestre			🌿✿	🌿✿		
Mouron blanc			🌿✿	🌿✿	🌿✿	🌿✿
Origan				🌿	🌿●	🌿●
Ortie			🌿✿	🌿✿	🌿✿	🌿✿
Pain de coucou			🌿✿	🌿✿	🌿✿	
Pâquerette			🌿✿	🌿✿		
Oseille				🌿🌿	🌿🌿	🌿🌿
Pissenlit	🌱	🌱	🌿	🌿✿	🌿✿	🌿
Plantain			🌿	🌿	🌿	🌿
Prêle				●		
Primevère	🌱	🌱	🌿	🌿✿		
Reine-des-prés						✿
Salsifis des prés	🌱	🌱	🌱	🌿	🌿✿	🌿✿
Sureau noir					✿	✿
Trèfle				🌿✿	🌿✿	🌿✿
Tussilage		✿	✿	🌿✿	🌿	🌿
Violette		✿	✿	🌿		

Les pictogrammes représentent la ou les partie(s) de la plante à consommer

Feuille : 🌿

Fleur : ✳

Fruit : 🍒

Graine, jet ou pousse : ●

Racine : 🌱

Tige : 🌾

Plante entière sans racines : 🌿

Les cases de couleur ▬▬▬ représentent les meilleures périodes de cueillette.

INDEX DES RECETTES PAR CATÉGORIES DE PLATS

APÉRITIFS ET BOISSONS
Apéritif à l'aspérule odorante . . 21
Apéritif au lierre terrestre 69
Boisson aux fleurs de trèfle . . . 105
Ratafia de sureau 64
Sirop de baies de sureau 103
Sirop de pissenlit 85
Sirop de primevère 95
Sirop de violette 109
Thé de primevère 64
Vin d'angélique 16
Vin d'origan 71
Vin de benoîte 25
Vin de mai 63
Vin de pâquerette 63
Vin de pissenlit 63
Vin pétillant aux fleurs
de sureau 103

AMUSE-BOUCHE
Bouchées en robe d'herbes
sauvages 30
Brochettes à l'origan 71
Canapés de bourrache
du pêcheur 89
Canapés de plantain 89
Grissini aux graines
de coquelicot 55
Tapenade d'ortie sur canapés . . 74

ENTRÉES
Acras de bourrache 37
Aspic de cymbalaire 57
Berce et pamplemousse rose
en verrine 27
Brochettes de pissenlit 86
Cake armoise et feta 19
Consoude farcie 53
Fagots de jets de houblon 59
Filets de consoude 62
Galettes de consoude 51
Jets de houblon « Colbert » . . . 60
Salade printanière aux jets
de houblon 59
Salsifis des prés en asperge . . . 99
Soufflé de ma grand-mère . . . 31
Sushis à l'ail des ours 11
Taboulé sauvage de printemps . 32
Tarte de cirse aux petits oignons . 45
Tomates farcies au plantain . . . 89
Tussilage farci 107
Verrine de pâquerettes 83

SALADES
Chénopode blanc en salade . . . 43
Pissenlit aux amandes 86
Salade de cymbalaire 57
Salade de lentilles chénopode
et armoise 33
Salade de pissenlit 60
Salade de pommes de terre
à la cardamine 41
Salade fraîche au pain de coucou . 81

SOUPES
Soupe à l'oseille 79
Velouté aux deux orties 31
Velouté d'orties aux épices . . . 74

POISSONS ET FRUITS DE MER
Bouchées de lotte sauce benoîte . 25
Brochettes de fruits de mer

à l'aigre doux 35
Cocon de fruits de mer aux herbes
folles et ruban de verdure 34
Moules à la berce...........28
Saumon farci aux orties 76

ŒUFS, OMELETTES
Clafoutis de printemps
sur lit d'orties..............75
Œufs brouillés au chénopode
blanc 43
Œufs cocotte au pain
de coucou.................81
Omelette à l'oseille..........79
Omelette à la stellaire.......101
Omelette aux jeunes pousses
de prêle 93
Omelette de pissenlit 87
Prêle à la coque 93

VIANDES
Cirse et boulettes de bœuf 49
Pintade à l'armoise..........19
Tagine de cirse et poulet......47

PLATS UNIQUES
Bardane sautée à l'asiatique ...23
Lasagnes de cirse 48
Poêlée de consoude.........52
Ravioles de cirse à la nage 46

RIZ, PÂTES, CÉRÉALES, LÉGUMES
Boulettes d'orties 77
Gratin de bardane 23
Gratin de berce 61
Légumes sautés.............99

Petits paquets à la berce 28
Purée d'orties...............77
Quinoa aux herbes
de printemps 39
Ravioles de lamier sautées 67
Riz au trèfle 105
Riz aux orties..............67
Rosettes de coquelicots
à la diable.................55
Salsifis d'Alexandre Dumas ...61
Stellaire en jardinière 101

SAUCES
Pistou d'alliaire 13
Sauce bourse à pasteur.......39

CONDIMENTS
Beurre d'alliaire 13
Beurre de cardamine.........41
Boutons de pâquerettes
au vinaigre 83
Vinaigre de sureau 62

DESSERTS
Angélique confite 17
Aspic de primevère..........95
Bouchées douces à l'angélique .16
Cake au lierre terrestre
et coulis de fruits rouges......69
Cookies à l'aspérule odorante .21
Flan à la reine-des-prés.......97
Gâteau de semoule
à la violette...............109
Reine-des-prés en sorbet......97
Soufflé de berce et oranges 29
Violettes cristallisées.........65

INDEX FRANÇAIS DES NOMS DE PLANTES

Ail des ours 10
Alliaire 12
Angélique des bois 14
Armoise. 18
Aspérule odorante 20
Bardane. 22
Benoîte 24
Berce 26
Bourrache. 36
Bourse à pasteur 38
Cardamine 40
Chénopode blanc 42
Cirse maraîcher. 44
Consoude 50
Coquelicot 50
Cymbalaire 54
Houblon 56
Lamier blanc 58
Lierre terrestre 66
Mouron des oiseaux . . . 100
Origan 70
Ortie 72
Oseille des près 78
Pain de coucou 80
Pâquerette 82
Pissenlit. 84
Plantains 88
Prêle 92
Primevère officinale. . . . 94
Reine-des-prés 96
Salsifis des prés 98
Stellaire 100
Sureau noir 104
Trèfle des prés
et trèfle rampant 102
Tussilage 106
Violette 108

INDEX LATIN DES NOMS DE PLANTES

Allium ursinum 10
Alliaria petiolata 10
Angelica sylvestris 14
Artemisia vulgaris 18
Arctium lappa 22
Bellis perennis 82
Borago officinalis 36
Capsella bursa-pastoris . . . 38
Cardamine pratensis 40
Chenopodium album . . . 42
Cirsium oleraceum 44
Cymbalaria muralis 56
Equisetum arvense 92
Filipendula ulmaria 96
Gallium odoratum 20
Geum urbanum 24
Glechoma hederacea . . . 68
Heracleum sphondylium . . 26
Humulus lupulus 58
Lamium album 66
Origanum vulgare 70
Oxalis acetosella 80
Papaver rhoeas 54
Primula veris 94
Plantago major, media,
lanceolata 88
Rumex acetosella 78
Sambucus nigra 102
Stellaria media 100
Symphytum officinale . . . 50
Taraxacum officinale . . . 84
Tragopogon pratensis . . . 98
Trifolium pratense,
T. repens 104
Tussilago farfara 106
Urtica dioica 72
Viola odorata 108

Cardamine des prés ▶

Remerciements

Je remercie Olivier Escuder pour l'attention portée
à ce modeste ouvrage, pour ses conseils et sa précieuse relecture.
Merci à Annie pour sa contribution.
Merci également à Benjamin, Bénédicte, Céline et Maxime,
mes fils et belles-filles, goûteurs et relecteurs de mes recettes.

Crédit photographique

Toutes les photos de plats sont de l'auteur, ainsi
que celles des pages 2, 4, 6, 18, et :

Olivier Escuder : 10 (2 photos), 66, 98 droite.
Gérard Arnal : 12 (2 photos), 14, 20 droite, 22, 24 (2 photos),
26, 36, 38, 40, 42, 44, 50, 54, 56 (2 photos), 58 (2 photos), 68,
70 gauche, 72, 78 gauche, 80, 82, 84, 88, 92 (2 photos), 94, 96,
98 gauche, 100, 102 (2 photos), 104, 106 (2 photos), 108.
Jean-Luc Témoin : 20 gauche, 70 droite.
Biosphoto : 78 (P. Bousseaud), 119 (J.-L. Cornière).
Istockphoto (bogdanhoria) : 8.

Couverture : Fotolia (1re de couverture),
Isabelle Hunault (4e de couverture)

© 2011 Les Éditions Ulmer
8, rue Blanche
75009 Paris
Tél. : 01 48 05 03 03
Fax : 01 48 05 02 04
www.editions-ulmer.fr

Réalisation : Bénédicte Dumont
Suivi éditorial : Raphaële Dorniol
Impression : Printer, Trento
ISBN : 978-2-84138-454-9
N° d'édition : 454-02

Dépôt légal : février 2011